Christian Teubner

Pâtes et Pizzas

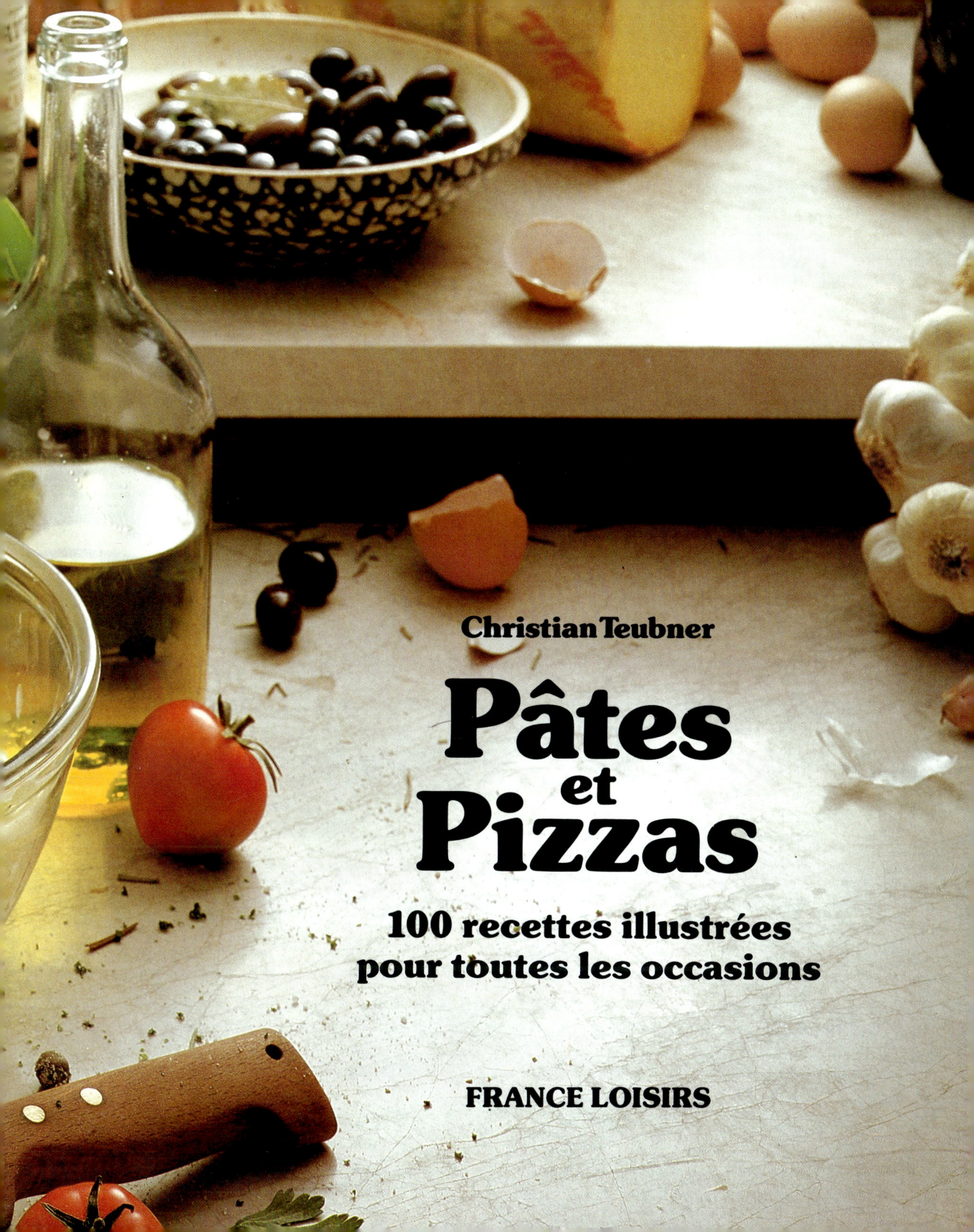

Christian Teubner

Pâtes et Pizzas

100 recettes illustrées pour toutes les occasions

FRANCE LOISIRS

Sommaire

Sommaire

Titre original de cet ouvrage :
PIZZA UND PASTA VARIATIONEN

Traduit et adapté de l'allemand par Danièle de Yparraguirre

ISBN édition originale : 3-7742-5215-7
ISBN édition française : 2-7242-3327-1
Édition du club France Loisirs avec l'autorisation des Editions Solar

Photos : Christian Teubner
Rédaction : Nina Andres et Brigitte Stuber
Photocomposition : Nord Compo, Villeneuve-d'Ascq

Introduction et conseils pratiques

La découverte des céréales, puis leur culture, sont à l'origine de la préparation de galettes plates, faites de graines de graminées écrasées et mélangées à de l'eau, cuites sur des pierres chauffées, dont se régalaient nos ancêtres.
Certains archéologues affirment que les Grecs et les Romains découpaient déjà ces galettes en fines lanières, préfigurant nos pâtes fraîches d'aujourd'hui. Cela étant, personne n'a encore réellement découvert qui était l'inventeur des pâtes sèches ! Ce sont les Arabes, selon toute vraisemblance, qui ont découvert une méthode de séchage consistant à confectionner de très fines baguettes de pâte et à les laisser sécher plusieurs jours à l'air libre. C'est sans doute ce qui explique l'apparition des macaroni dans le sud de l'Italie. Quoi qu'il en soit, un fait semble acquis : on connaissait les pâtes en Italie avant le légendaire voyage de Marco Polo en Chine.
L'explorateur vénitien n'en a pas moins contribué à développer de nouvelles préparations de « pâte à pâtes » utilisées ensuite dans toute l'Italie.
C'est un autre explorateur italien, un certain Christophe Colomb, qui, deux siècles plus tard, révolutionna ce plat national qu'étaient devenues les pâtes en faisant découvrir la tomate à l'Europe : dès lors le mariage des pâtes et des tomates était consommé. Naples fut le point de départ de toutes les recettes de pâtes et de pizzas, et toute l'Italie s'en empara. Les émigrants italiens les diffusèrent ensuite largement en Europe et en Amérique, ouvrant ainsi la voie à une conquête pacifique, puisque gastronomique, du monde.

Comment faire cuire les pâtes « al dente »

Le récipient dans lequel les pâtes vont cuire doit être de bonne taille. Pour 100 g de pâtes, il faut compter au moins 1 l d'eau et 10 g de sel. Dès que l'eau bout, plongez les pâtes et couvrez le récipient. Dès que l'eau atteint de nouveau l'ébullition, remuez-les avec une cuiller en bois afin qu'elles ne collent pas les unes aux autres. Poursuivez la cuisson, en retirant le couvercle cette fois.
Le temps de cuisson dépendra de la taille des pâtes. Pour les « petits formats », il sera de 5 mn, et pourra aller jusqu'à 16 mn pour les grosses variétés (*rigatoni* par exemple).
Al dente, c'est-à-dire ferme sous la dent, est le degré de cuisson idéal pour que les pâtes exaltent au maximum le goût de leur garniture. C'est pourquoi il faut de temps à autre retirer une pâte pendant la cuisson et la goûter pour arrêter net dès qu'elles sont prêtes. Elles continueront de toute façon à cuire encore un peu dans le récipient où elles seront servies. Dès que le stade de cuisson idéal est atteint, faites-les égoutter sur une passoire puis versez-les dans un plat préchauffé et servez aussitôt.

Les tomates

Qu'elles servent de garniture aux pizzas ou qu'elles soient réduites en sauce, la petite roma italienne ou l'olivette provençale, très charnues et dépourvues de pépins, conviennent le mieux pour ce genre de préparation. Les grosses tomates rondes et fermes, de Marmande par exemple, conviendront parfaitement pour les salades et pour les garnitures de pizza.
A défaut de tomates fraîches, les tomates en boîtes, déjà pelées, permettront d'économiser du temps (blanchiment et pelage) mais elles n'auront évidemment pas le goût du frais...

Le fromage

C'est un élément fondamental de la préparation des pâtes et des pizzas. Dès lors que du fromage râpé, quelle que soit sa variété, entre dans la composition d'une recette, il faut absolument le râper soi-même juste avant de le mélanger aux pâtes ou de le poser sur les pizzas. L'intérêt est clair : lorsque l'on achète un fromage en morceau, on peut plus facilement en vérifier la qualité, il ne sèche pas et son goût en est magnifié.

Fougasse aux tomates et aux anchois

A l'origine, la fougasse — ou fouace — était une fine galette de froment ou de sarrasin à pâte non levée et cuite sous la cendre. Il en existe de nombreuses variétés salées et sucrées en France et en Italie, et c'est la recette provençale que l'on appelle fougasse ; elle est alors une sorte de pâte briochée et fait partie des fameux « 13 desserts de Noël ».
La recette que nous donnons ici est une spécialité de la Sardaigne.

Il faut, pour la pâte :
300 g de farine - 30 g de levure
12,5 cl d'eau tiède
1/2 cuil. à café de sel
3 cuil. à soupe d'huile d'olive
Pour la garniture :
80 g d'olives vertes
80 g d'olives noires
250 g de sauce à la tomate (voir recette pp. 64 et 72)
16 filets d'anchois
Quelques feuilles de basilic et d'origan
Huile d'olive - Sel
Poivre fraîchement moulu

Temps de préparation : 30 mn.
Temps de repos : 1 h.
Temps de cuisson : 20 à 25 mn.

1. Préparez la pâte : mettez la farine dans un grand saladier ; creusez un puits au milieu et mettez-y la levure et le sel. Malaxez avec l'eau tiède et formez une boule ; laissez-la reposer 1/4 d'heure dans un endroit tiède. Ajoutez alors l'huile d'olive et repétrissez la pâte, qui doit être ni trop sèche ni trop molle. Reformez une boule, recouvrez-la d'un peu de farine puis enveloppez-la dans un torchon propre. Laissez reposer de 20 à 30 mn ; elle aura alors doublé de volume.

2. Huilez légèrement une plaque allant au four (la lèchefrite), puis abaissez la pâte régulièrement au rouleau à pâtisserie et posez-la sur la lèchefrite ; piquez-la avec une fourchette pour qu'elle n'éclate pas à la cuisson.

3. Allumez le four, thermostat 6 ; dénoyautez toutes les olives et hachez-les grossièrement. Recouvrez la pâte avec la sauce à la tomate et ajoutez-y les olives hachées et les filets d'anchois égouttés. Parsemez les feuilles de basilic et d'origan et recouvrez la pâte avec une feuille d'aluminium. Laissez reposer encore de 15 à 20 mn.

4. Placez la lèchefrite dans le four, retirez la feuille d'aluminium, arrosez encore d'huile d'olive et laissez cuire de 20 à 25 mn jusqu'à ce que la pâte soit dorée à point.

5. Retirez le plat du four, salez modérément, poivrez puis coupez la fougasse en 24 petits carrés avant de porter à table.

Fougasse aux oignons

Il faut, pour la pâte :
300 g de farine - 30 g de levure
12,5 cl d'eau tiède
1/2 cuil. à café de sel
3 cuil. à soupe d'huile d'olive
Pour la garniture :
500 g d'oignons
5 cuil. à soupe d'huile d'olive - Sel
Poivre fraîchement moulu
1 tranche (env. 60 g) de lard fumé bien maigre

Temps de préparation : 30 mn.

1. Préparez la pâte comme il est indiqué dans la recette précédente jusqu'au n° 3.

2. Allumez le four, thermostat 6 ; pelez les oignons et coupez-les en anneaux. Dans une grande poêle, mettez l'huile d'olive et les oignons et faites-les suinter à feu doux. Lorsqu'ils sont juste translucides, posez-les sur la pâte, parsemez le lard fumé et haché et poivrez.

3. Placez la lèchefrite dans le four et laissez cuire de 20 à 25 mn.

4. Retirez le plat du four et coupez la fougasse en petits carrés.

Pizza Marguerite

C'est une des pizzas les plus célèbres dans toute l'Italie, et même dans le monde ! Elle fut dédiée à la reine Marguerite (Margherita) de Savoie — d'où son nom — par un certain Raffaele Esperito, « pizzaiolo » de son métier, c'est-à-dire cuisinier spécialisé dans la création de nouvelles pizzas. Elle est d'autant plus célèbre qu'elle porte les couleurs du drapeau italien ! Cette pizza patriotique comprend, en effet, les trois ingrédients aux couleurs de l'Italie : le vert du basilic, le blanc de la mozzarella et le rouge des tomates.
La recette qui suit se fera dans un plat de 33 × 43 cm et les proportions sont conçues pour 4 personnes. Pour une « pizza-partie », on peut également faire des pizzas individuelles en découpant la pâte en 12 parts et en les plaçant dans des petits moules ronds. Le temps de cuisson sera alors réduit de 3 à 4 mn.

Il faut, pour la pâte :

300 g de farine

20 g de levure

12,5 cl d'eau tiède

1/2 cuil. à café de sel

2 cuil. à soupe d'huile d'olive

Pour la garniture :

800 g de tomates fraîches ou en boîte

2 boules de mozzarella fraîche

Sel

Poivre fraîchement moulu

12 feuilles de basilic frais

12,5 cl d'huile d'olive

Temps de préparation : 45 mn.

1. Préparez la pâte : mettez la farine dans un grand saladier, creusez un puits au milieu et mettez-y la levure et le sel. Malaxez avec l'eau tiède et formez une boule ; laissez reposer 1/4 d'heure dans un endroit tiède. Ajoutez alors l'huile d'olive et repétrissez la pâte, qui doit être ni trop molle ni trop sèche. Reformez une boule et recouvrez-la d'un peu de farine. Enveloppez-la dans un torchon propre et laissez-la reposer environ 15 mn.

2. Huilez légèrement une lèchefrite et abaissez la pâte régulièrement au rouleau à pâtisserie ; posez-la sur la lèchefrite et piquez-la avec une fourchette pour qu'elle n'éclate pas à la cuisson.

Photo n° 1 : Pétrissez la pâte, soit avec une spatule en bois — comme il est indiqué sur la photo —, soit encore avec vos doigts. (Si vous avez un bol à mixer électrique, utilisez le couteau « à pétrir ».)

Photo n° 2 : Aplatissez la pâte au rouleau à pâtisserie jusqu'à ce qu'elle soit uniformément épaisse, poudrez légèrement de farine.

Photo n° 3 : Huilez légèrement une lèchefrite et posez-y la pâte ; piquez-la avec une fourchette à plusieurs endroits pour qu'elle n'éclate pas à la cuisson.

Photo n° 4 : Répartissez les tomates bien égouttées si elles viennent d'une boîte, bien lavées et découpées en rondelles si elles sont fraîches. Coupez la mozzarella en fines tranches et déposez-les sur les tomates.

Photo n° 5 : Salez, poivrez et disposez les feuilles de basilic sur la pizza. Laissez encore reposer 10 à 15 mn. Allumez le four, thermostat 6.

Photo n° 6 : Arrosez la pizza Marguerite d'huile d'olive et laissez cuire de 18 à 22 mn jusqu'à ce que la mozzarella fonde et que la pâte soit bien dorée.

Pizza à tous les légumes

Il faut, pour la pâte :
300 g de farine - 20 g de levure
12,5 cl d'eau tiède
1/2 cuil. à café de sel
2 cuil. à soupe d'huile d'olive
Pour la garniture :
1 oignon
600 g de tomates
200 g de jambon de Paris
200 g de cœurs d'artichauts
200 g de courgettes
200 g de champignons de Paris
100 g d'olives noires
1 cuil. à café de sel
Poivre fraîchement moulu
200 g de « fontina » (fromage italien pouvant être remplacé par du comté)
100 g de « fiore sardo » (fromage italien pouvant être remplacé par du parmesan)
2 cuil. à café d'origan haché
12,5 cl d'huile d'olive

Temps de préparation : 50 mn.

1. Préparez la pâte comme indiqué page précédente jusqu'à photo n° 4, mais en formant deux boules au lieu d'une et en abaissant la pâte très finement sur deux plats différents pour éviter que les légumes ne soient trop collés les uns aux autres.

2. Pelez l'oignon, hachez-le finement et recouvrez-en les pâtes. Lavez les tomates, plongez-les dans de l'eau en ébullition, pelez-les, épépinez-les et coupez-les en fines rondelles que vous répartirez également sur les pâtes. Coupez le jambon en petits dés et ajoutez-le à la garniture. Faites égoutter les cœurs d'artichauts dans une passoire, pressez-les pour en ôter tout le jus puis coupez-les en deux ou en quatre. Dénoyautez les olives et coupez-les en deux. Nettoyez avec un papier absorbant les courgettes et les champignons (lavez-les si nécessaire) et coupez-les en tranches assez fines. Étalez le tout sur les deux pizzas en répartissant équitablement les différents légumes. Salez, poivrez.

3. Allumez le four, thermostat 6 ; coupez le fromage de « fontina » (ou de comté) en fines lamelles et étalez-les sur les pizzas. Râpez au-dessus le « fiore sardo » (ou le parmesan) et parsemez l'origan haché. (On peut également utiliser de l'origan en poudre et, dans ce cas, en augmenter très légèrement les quantités.) Laissez ainsi reposer pendant 15 mn environ.

4. Arrosez généreusement les pizzas d'huile d'olive et placez la lèchefrite dans le four ; laissez cuire pendant 20 à 25 mn jusqu'à ce que les pâtes soient bien dorées.

Variante : Pizzas à la sicilienne

Ce sont de petites pizzas individuelles qui se composent de produits provenant de la région.

Il faut, pour la pâte :
500 g de farine
30 g de levure
25 cl de lait tiède
1 œuf
1/2 cuil. à café de sel
Pour la garniture :
1 kg de tomates
3 gousses d'ail hachées
3 oignons
1 cuil. à café de sel
1/2 tasse d'huile d'olive
1 tasse d'olives noires
1 cuil. à soupe d'origan en poudre
250 g de provolone (1/2 à 1 boule)

Temps de préparation : 50 mn.

1. Préparez la pâte : mettez la farine dans un grand saladier, creusez un puits et mettez-y la levure et le sel. Malaxez avec le lait tiède, ajoutez l'œuf, formez une boule et laissez-la reposer dans un endroit tiède de 20 à 25 mn.

2. Pendant ce temps, plongez les tomates dans de l'eau en ébullition, pelez-les, épépinez-les et coupez-les en gros morceaux sur une grande assiette ; ajoutez-y l'ail haché. Pelez les oignons, coupez-les en fins anneaux et ajoutez-les également au contenu de l'assiette. Salez, poivrez, arrosez d'huile d'olive et laissez ainsi en attente 1 ou 2 heures pour que tous les ingrédients se mélangent bien les uns aux autres.

3. Allumez le four, thermostat 6 ; coupez la pâte en morceaux et étalez-les sur des petits moules individuels que vous aurez préalablement huilés.

4. Répartissez la garniture sur chaque petit moule ; dénoyautez les olives, coupez-les en deux et ajoutez-les aux pizzas ; parsemez l'origan en poudre, coupez le fromage en tranches et posez-les au-dessus du tout.

5. Placez les petits moules dans le four et laissez cuire pendant environ 15 mn jusqu'à ce que les pizzas soient bien croustillantes.

Tourte aux épinards

La tourte étant un plat plus consistant que la pizza, il convient de couper des parts plus petites, surtout si elle est servie en hors-d'œuvre ; en plat principal, accompagnée d'une salade verte, elle fera également parfaitement l'affaire mais, dans ce cas, prévoyez des parts plus grosses.

Il faut, pour la pâte :
500 g de farine
30 g de levure
25 cl d'eau tiède
1 cuil. à café de sel
1 œuf
2 cuil. à soupe d'huile

Pour la farce :
1 kg d'épinards frais
1 oignon
2 gousses d'ail
4 cuil. à soupe d'huile d'olive
1 cuil. à café de sel
Poivre fraîchement moulu
200 g de jambon de Paris
100 g de fontina (ce fromage italien peut être remplacé par du comté)
50 g d'olives noires
1 cuil. à soupe de câpres

Pour le glaçage :
1 jaune d'œuf

Temps de préparation :
1 h 30 mn.

1. Préparez la pâte : mettez la farine dans un grand saladier, creusez un puits au milieu et mettez-y la levure et le sel. Malaxez avec l'eau tiède et formez une boule ; laissez-la reposer 1/4 d'heure à température ambiante. Ajoutez alors l'œuf et l'huile ; repétrissez la pâte jusqu'à ce qu'elle soit bien homogène, reformez une boule, poudrez-la d'un peu de farine puis enveloppez-la dans un torchon propre et laissez-la reposer de 15 à 20 mn.

2. Lavez les épinards à grande eau, retirez-en les tiges dures et ne gardez que les feuilles tendres que vous plongerez 5 mn dans de l'eau en ébullition. Égouttez-les, hachez-les grossièrement et laissez-les refroidir.

3. Pelez l'oignon et l'ail et hachez-les très finement. Mettez l'huile d'olive dans une grande casserole et faites chauffer sur feu doux avec le hachis d'ail et d'oignon. Ajoutez les épinards, le sel, le poivre, et remuez bien.

4. Coupez le jambon et le fromage en petits dés, dénoyautez les olives, coupez-les en petits morceaux, égouttez les câpres et ajoutez le tout aux épinards en remuant toujours pour bien mélanger tous les ingrédients.

5. Poudrez de farine un plan de travail bien lisse, coupez la pâte en deux parts égales et abaissez chaque moitié au rouleau à pâtisserie.

6. Huilez légèrement une plaque allant au four et posez-y une moitié de pâte, piquez-la avec une fourchette pour qu'elle n'éclate pas à la cuisson et recouvrez-la de la farce aux épinards en prenant soin de ne pas en déposer sur les bords extérieurs de la pâte. Battez le jaune d'œuf et, à l'aide d'un pinceau, passez-en une couche sur les bords restés vides puis recouvrez de la deuxième moitié en pressant bien sur les bords pour que les deux pâtes collent bien l'une à l'autre. Laissez reposer de 10 à 20 mn.

7. Allumez le four, thermostat 6, passez le reste du jaune d'œuf sur la partie supérieure de la tourte et piquez-la avec une fourchette. Placez le plat dans le four et laissez cuire pendant 25 à 30 mn. La tourte est cuite lorsque la pâte est d'une jolie couleur dorée.

Variante : Tourte aux oignons

Il faut, pour la pâte :
Les mêmes ingrédients que pour la recette précédente

Pour la farce :
700 g d'oignons
5 cuil. à soupe d'huile d'olive
250 g de jambon
1 œuf
1 cuil. à café de sel
2 cuil. à soupe de persil haché
200 g de provolone (fromage italien que l'on trouve assez facilement)

1. Préparez la pâte comme indiqué dans la recette précédente.

2. Pelez les oignons, coupez-les en anneaux et arrosez-les avec l'huile d'olive. Coupez le jambon et le provolone en petits dés, ajoutez-les aux oignons avec le persil et l'œuf ; salez, mélangez bien le tout puis laissez reposer 10 mn.

3. Allumez le four, thermostat 6, et procédez pour la farce et la cuisson comme indiqué dans la recette précédente.

Pizza à la provençale

Il faut, pour la pâte :
250 g de farine
125 g de beurre
1 petit verre d'eau
1 cuil. à café de sel
Pour la garniture :
250 g d'oignons (si possible des petits oignons blancs)
3 cuil. à soupe d'huile d'olive
2 à 3 cuil. à soupe d'eau
Sel - Poivre fraîchement moulu
12 filets d'anchois
2 tomates
100 g d'olives noires niçoises
2 cuil. à café d'herbes de Provence (romarin, thym, origan et basilic)

Temps de préparation : 50 mn.
Temps de repos : 1 à 2 h.
Temps de cuisson : 30 à 35 mn.

1. Préparez la pâte : mettez la farine dans un grand saladier, creusez un puits au milieu et mettez-y le beurre coupé en petits morceaux. Ajoutez l'eau et le sel ; pétrissez le tout avec le bout des doigts et formez une boule ; laissez-la reposer pendant 1 ou 2 heures dans un endroit frais.

2. Pendant ce temps, pelez les oignons et hachez-les très finement. Faites chauffer l'huile dans une poêle et faites-y revenir les oignons avec l'eau, le sel et le poivre pendant une dizaine de minutes, jusqu'à ce que les oignons soient moelleux mais non dorés.

3. Abaissez la pâte au rouleau à pâtisserie pour en faire un cercle de 40 cm de diamètre, puis étalez-la sur un moule de 32 cm de diamètre. Piquez-en la surface avec une fourchette.

4. Répartissez équitablement le hachis d'oignons sur la pâte et disposez les filets d'anchois en formant une étoile.

5. Coupez les tomates en rondelles (ôtez leur pédoncule), dénoyautez les olives et partagez-les en deux. Placez le tout sur les oignons et parsemez les herbes de Provence de façon régulière.

6. Allumez le four, thermostat 6 ; placez-y le moule sur une plaque au milieu du four et laissez cuire pendant 30 à 35 mn jusqu'à ce que la pâte soit croustillante et dorée.

Variante : Pissaladière

Il faut, pour la pâte :
250 g de farine - 20 g de levure
12,5 cl de lait
1/2 cuil. à café de sel
30 g de beurre mou
Pour la garniture :
300 g d'oignons
3 cuil. à soupe d'huile d'olive
12,5 cl de vin blanc
1/2 cuil. à café de sel
Poivre fraîchement moulu
20 filets d'anchois - 4 tomates
100 g d'olives noires de Nice
1 cuil. à soupe de persil
100 g de poitrine fumée

Temps de préparation : 50 mn.
Temps de repos : 2 à 3 h.
Temps de cuisson : 30 à 35 mn.

1. Préparez la pâte : mettez la farine dans un saladier ; faites fondre la levure dans le lait et mélangez-la à la farine, ajoutez le sel, le beurre et pétrissez la pâte vigoureusement. Formez une boule et placez-la pendant 2 à 3 heures au réfrigérateur pour la laisser gonfler lentement.

2. Pelez les oignons et hachez-les ; pour leur préparation, procédez comme dans la recette précédente (n° 2) mais en remplaçant l'eau par le vin blanc.

3. Coupez la poitrine fumée en petits dés. Pelez les tomates et coupez-les en rondelles, faites égoutter les filets d'anchois, dénoyautez les olives.

4. Allumez le four, thermostat 6 ; sortez la pâte du réfrigérateur, abaissez-la au rouleau à pâtisserie et étalez-la sur un moule rond, piquez-la avec une fourchette et répartissez tous les ingrédients en commençant par les oignons, puis les anchois, les tomates, la poitrine fumée, les olives et enfin le persil.

5. Placez le plat dans le four et laissez cuire pendant 30 à 35 mn.

Tavel

Pizza des quatre saisons

C'est encore une des grandes classiques dans la famille des pizzas. On peut, bien entendu, varier à loisir tous les ingrédients qui la composent, la seule exigence étant qu'elle comporte bien au minimum quatre éléments.

Il faut, pour la pâte :
300 g de farine
20 g de levure
12,5 cl d'eau tiède
1/2 cuil. à café de sel
2 cuil. à soupe d'huile d'olive
Pour la garniture :
1 petite boîte de tomates entières pelées ou 500 g de tomates fraîches que vous pèlerez vous-même
1 gousse d'ail
300 g de champignons
300 g de moules décortiquées
300 g de cœurs d'artichauts en boîte
300 g de jambon de Paris
200 g d'olives noires
60 g de filets d'anchois
Sel
Poivre fraîchement moulu
1 cuil. à soupe de persil haché
1 cuil. à soupe d'origan
1 cuil. à soupe de basilic frais haché
2 boules de mozzarella
12,5 cl d'huile d'olive

Temps de préparation : 45 mn.
Temps de repos : 30 mn.
Temps de cuisson : 20 à 25 mn.

1. Préparez la pâte : mettez la farine dans un saladier, creusez un puits au milieu et mettez-y la levure et le sel. Malaxez avec l'eau tiède et formez une boule ; farinez-la et enveloppez-la dans un torchon. Laissez-la reposer 15 mn dans un endroit tiède. Au bout de ce laps de temps, la boule doit être bien lisse ; ajoutez alors l'huile d'olive et repétrissez-la pour qu'elle devienne bien homogène. Coupez-la alors en deux et formez deux boules.

2. Huilez légèrement une plaque allant au four puis abaissez chaque boule de pâte régulièrement au rouleau à pâtisserie jusqu'à ce que vous formiez deux cercles de 30 à 35 cm de diamètre ; placez-les sur la plaque huilée et piquez-les avec une fourchette pour que la pâte n'éclate pas à la cuisson.

3. Allumez le four, thermostat 6 ; faites égoutter les tomates dans une passoire puis concassez-les en gros morceaux. Si elles sont fraîches, plongez-les dans de l'eau en ébullition afin de pouvoir les peler plus facilement ; coupez-les en deux et épépinez-les. Pelez l'ail et hachez-le finement ou mieux, si vous avez l'appareil adéquat, pressez-en le jus. Nettoyez les champignons et coupez-les en deux ou en quatre selon leur grosseur ; ne les lavez que s'ils sont vraiment très sableux.

4. Répartissez les morceaux de tomates sur chaque pizza et parsemez l'ail haché ou le jus. Formez alors une croix sur chaque pizza à l'aide d'un couteau et placez, sur le premier quart des pizzas, les moules et les cœurs d'artichauts égouttés et coupés en quatre, puis, sur le deuxième quart, le jambon découpé en lanières. Sur le troisième quart, vous placerez les champignons, et sur le dernier les olives dénoyautées et les filets d'anchois préalablement passés sous l'eau pour retirer leur goût un peu trop salé ; à moins qu'ils ne soient frais, auquel cas vous devrez les ouvrir pour en retirer l'arête centrale.

5. Salez là où il n'y a pas d'anchois, poivrez et parsemez la moitié des herbes. Coupez la mozzarella en fines tranches ou en petits cubes et placez-les régulièrement sur les pizzas puis finissez le reste des herbes ; versez alors l'huile d'olive en minces filets et placez le plat dans le four ; laissez cuire pendant 20 à 25 mn jusqu'à ce que les pizzas soient bien dorées et croustillantes.
On peut, si on le désire, rajouter un peu d'huile d'olive au moment de servir.

Un conseil : A défaut d'herbes fraîches, vous pouvez naturellement utiliser des herbes séchées mais, dans ce cas, diminuez leur quantité de moitié.

Tourte à la ricotta

La ricotta est un fromage blanc frais que l'on trouve facilement dans les épiceries italiennes ; à défaut, vous pourrez utiliser de la brousse corse ou, plus simplement, du fromage blanc frais que vous aurez fait égoutter.
Le provolone, que l'on trouve également dans les épiceries italiennes, est un fromage de vache qui se présente généralement en boules de couleur jaune doré. Il n'est pas recommandé de le remplacer par un autre fromage du fait de la spécificité de sa pâte, mais à défaut, du comté ou de l'appenzell seront de bons substituts.
L'asiago peut être remplacé par du parmesan.

Il faut, pour la pâte :

350 g de farine
170 g de beurre mou
1 cuil. à café de sel
1 œuf
3 cuil. à soupe d'eau

Pour la farce :

300 g de ricotta (ou autre fromage blanc frais égoutté)
3 œufs
1/2 cuil. à café de sel
Poivre fraîchement moulu
2 cuil. à soupe de persil haché
1 cuil. à café d'origan
100 g de provolone (ou de comté)
100 g d'asiago (ou de parmesan en morceau)
200 g de salami ou, mieux, de jambon de Parme

Pour le glaçage :

1 jaune d'œuf

Temps de préparation : 50 mn.
Temps de repos : 2 à 3 h.
Temps de cuisson : 45 à 50 mn.

1. Préparez la pâte (il s'agit en fait d'une pâte brisée) : mettez la farine dans un grand saladier, creusez un puits au milieu et mettez-y le sel, le beurre coupé en petits morceaux, l'œuf et l'eau. Pétrissez tous les ingrédients du bout des doigts en formant une pâte molle et élastique. Farinez-la légèrement, enveloppez-la dans un torchon propre et placez-la au réfrigérateur pendant 2 à 3 h. Elle sera plus facile à découper.

2. Environ 1/4 d'heure avant de sortir la pâte du réfrigérateur, commencez la préparation des autres ingrédients : faites égoutter la ricotta (ou le fromage de remplacement) et placez-la dans un grand saladier ; ajoutez les œufs un par un en battant vigoureusement, puis le sel, le poivre et les herbes.

3. Coupez le provolone et l'asiago (ou les fromages de remplacement) en petits cubes et le salami (ou le jambon de Parme) en petits morceaux. Placez le tout dans le saladier contenant la pâte à la ricotta et mélangez doucement.

4. Allumez le four, thermostat 6 ; sortez la pâte du réfrigérateur et coupez-la aux deux tiers. Farinez légèrement une surface lisse et abaissez-y la pâte au rouleau à pâtisserie jusqu'à ce que vous formiez un cercle d'environ 25 cm de diamètre. Huilez légèrement un moule à manqué et étalez-y la fine couche de pâte en appuyant sur les côtés pour qu'elle adhère bien au moule ; coupez l'excédent de pâte à ras et piquez le fond avec une fourchette. Emplissez avec le contenu du saladier. Laissez en attente.

5. Formez un couvercle avec le reste de la pâte en l'abaissant au rouleau à pâtisserie ; battez le jaune d'œuf et recouvrez-en les bords de la pâte au pinceau, puis posez ce « couvercle » sur le moule contenant la préparation en insistant bien sur les bords pour qu'ils collent aux bords de la première pâte. Formez une cheminée au milieu de la partie supérieure de la tourte à l'aide d'un petit couteau. Badigeonnez la tourte avec le reste de jaune d'œuf à l'aide d'un pinceau et placez le plat au four pendant 45 à 50 mn.

Variante : Tourte à la ricotta et aux oignons

Cette recette, proche de la précédente, conviendra parfaitement aux amateurs d'oignons. Seules les proportions de fromage de ricotta seront modifiées.

Il faut, pour la pâte :

Les mêmes ingrédients que pour la recette précédente

Pour la farce :

200 g de ricotta (au lieu de 300 g)
250 g d'oignons et les autres ingrédients figurant dans la recette précédente

1. Pelez les oignons et coupez-les en fins anneaux.

2. Procédez ensuite exactement comme indiqué dans la recette précédente en ajoutant simplement les oignons à la pâte de ricotta au même moment que le jambon et les fromages de provolone et d'asiago.
Les temps de préparation et de cuisson restent les mêmes.

Pizza aux artichauts

La garniture de cette pizza est particulièrement abondante mais ce sont les cœurs d'artichauts qui en sont l'élément majeur. L'idéal serait évidemment de préparer des cœurs d'artichauts frais (dans ce cas, on utilise des petits artichauts violets de Provence appelés poivrades) mais bien entendu le plus simple consiste à utiliser des artichauts en boîte que l'on aura préalablement laissés égoutter.

Il faut, pour la pâte :

300 g de farine
20 g de levure
12,5 cl d'eau tiède
1/2 cuil. à café de sel
1 cuil. à soupe d'huile d'olive ou 30 g de beurre mou

Pour la garniture :

300 g de tomates
180 g de salami coupé en fines tranches
1 grosse boîte de cœurs d'artichauts (d'environ 400 g)
120 g d'olives noires
250 g de mozzarella
Herbes séchées en poudre ou fraîches : origan, basilic, romarin, etc.
Quelques filets d'huile d'olive

Temps de préparation : 45 mn.
Temps de repos : 1 h environ.
Temps de cuisson : 20 mn.

1. Préparez la pâte : mettez la farine dans un grand saladier, creusez un puits au milieu et mettez-y la levure, le sel et l'eau. Malaxez bien du bout des doigts et formez une boule ; laissez-la reposer 1/4 d'heure dans un endroit tiède. Ajoutez alors le beurre ou l'huile d'olive et repétrissez la pâte sur un plan de travail fariné au minimum 5 à 10 mn. Elle doit devenir ni trop molle ni trop sèche. Reformez une boule, recouvrez-la d'un torchon propre et laissez-la reposer encore 30 mn.

2. Huilez légèrement une plaque allant au four (ou, mieux, deux moules à tarte de 30 cm de diamètre) puis abaissez la pâte au rouleau à pâtisserie en deux cercles de 30 cm de diamètre environ puis posez-les sur la plaque (ou dans les moules) ; piquez-les avec une fourchette pour que la pâte n'éclate pas à la cuisson.

3. Allumez le four, thermostat 7 ; plongez les tomates dans de l'eau en ébullition puis pelez-les, ôtez les pépins, concassez-les grossièrement et étalez-les régulièrement sur les deux pizzas en laissant une bande de pâte de 2 cm tout autour pour éviter que les tomates ne s'écoulent au cours de la cuisson.

4. Posez les tranches de salami (après les avoir dégagées de leur peau) sur les tomates puis les cœurs d'artichauts coupés en quatre et enfin les olives préalablement dénoyautées. Coupez la mozzarella en fines tranches, recouvrez-en les pizzas, parsemez les herbes et enfin arrosez généreusement d'huile d'olive. Laissez en attente de 10 à 15 mn.

5. Placez les pizzas dans le four et laissez cuire de 15 à 25 mn jusqu'à ce qu'elles soient bien dorées et croustillantes.

Variante : Pizza aux tomates et aux cœurs d'artichauts

Il faut, pour la pâte :

Les mêmes ingrédients que pour la recette précédente

Pour la garniture :

80 g de jambon ou de lard non gras
200 g de tomates
100 g de champignons de Paris
1 petite boîte de cœurs d'artichauts
200 g de mozzarella
1 cuil. à soupe d'origan
1 cuil. à soupe de persil haché
12,5 cl d'huile d'olive

1. Préparez la pâte exactement comme indiqué dans la recette précédente jusqu'au numéro 3.

2. Allumez le four, thermostat 6. Posez sur les pizzas les fines tranches de lard ou de jambon coupées en lanières puis les tomates concassées, les champignons coupés en deux et les cœurs d'artichauts préalablement égouttés.

3. Salez modérément, s'il s'agit de lard, poivrez puis disposez les tranches de mozzarella, parsemez les herbes et versez l'huile d'olive en minces filets.

4. Placez le plat dans le four et laissez cuire de 20 à 25 mn jusqu'à ce que les pizzas soient bien dorées.
Cette recette est illustrée en photo de couverture.

Pizza aux fruits de mer

Les garnitures aux fruits de mer sont particulièrement raffinées à condition, bien entendu, de disposer de fruits de mer frais, ce qui n'est pas toujours évident. A défaut, mieux vaut n'utiliser que ceux que l'on trouve chez son poissonnier plutôt que d'utiliser des aliments en conserve, quitte à modifier quelque peu la garniture que nous vous proposons dans la recette suivante et, pourquoi pas, préparer des pizzas simplement aux moules, au poisson ou au crabe, etc., au lieu du mélange ici proposé.

Il faut, pour la pâte :
300 g de farine
20 g de levure
12,5 cl d'eau tiède
1/2 cuil. à café de sel
2 cuil. à soupe d'huile d'olive
Pour la garniture :
500 g de tomates fraîches ou en boîte
1 gousse d'ail
1 petite daurade de 400 g (ou tout autre poisson à chair ferme)
3 calmars (ou seiches)
600 g de moules
200 g de bouquets (ou de crevettes roses de Norvège)
Sel - Poivre
2 cuil. à soupe de persil haché
2 oignons
1 branche de basilic frais
12,5 cl d'huile d'olive

Temps de préparation : 1 h.
Temps de cuisson : 20 mn.

1. Préparez la pâte : mettez la farine dans un grand saladier, creusez un puits au milieu et mettez-y la levure et le sel. Malaxez avec l'eau tiède et formez une boule ; laissez-la reposer 1/4 d'heure dans un endroit tiède. Ajoutez alors l'huile d'olive et repétrissez la pâte, qui doit être ni trop sèche ni trop molle. Reformez une boule, recouvrez-la d'un peu de farine puis enveloppez-la dans un torchon propre. Laissez reposer environ 20 mn.

2. Pendant ce temps, sortez les tomates de leur boîte ou, si ce sont des tomates fraîches, plongez-les dans de l'eau en ébullition afin de les peler facilement et d'en retirer les pépins. Faites-les égoutter et concassez-les grossièrement. Pelez l'ail et les oignons et laissez-les en attente.

3. Nettoyez la daurade, écaillez-la soigneusement puis coupez-la en filets, retirez toutes les arêtes à l'aide d'une pince à épiler puis découpez la chair en grosses lanières. Nettoyez ensuite les calmars (ou les seiches), retirez-en l'encre et les parties intérieures, dont le cartilage, puis faites-les cuire pendant 10 mn dans de l'eau salée. Préparez les moules : grattez-les sous l'eau courante, plongez-les dans de l'eau salée en ébullition jusqu'à ce qu'elles s'ouvrent. Retirez les chairs de leur coquille et jetez les moules qui ne sont pas ouvertes. Décortiquez les crevettes et, si vous avez la chance d'en trouver vivantes (cela n'en sera que meilleur), plongez-les quelques minutes dans de l'eau en ébullition préalablement salée et poivrée.

4. Allumez le four, thermostat 6 ; huilez légèrement une plaque allant au four ou, mieux, trois moules individuels de 16 cm de diamètre environ. Séparez la pâte en trois parts égales et abaissez chacune d'entre elles au rouleau à pâtisserie puis posez chaque plaque de pâte sur la lèchefrite. Il peut être nécessaire de procéder en plusieurs fois si votre four n'est pas très grand ; une autre astuce consiste à placer les pizzas à différents niveaux du four ; dans ce cas, changez-les au moins une fois de place pour qu'elles soient toutes bien cuites. Piquez-les avec une fourchette pour qu'elles n'éclatent pas à la cuisson.

5. Répartissez les tomates régulièrement en laissant une bande de pâte de 1 cm tout autour pour qu'elles ne s'écoulent pas, pilez l'ail au-dessus des pizzas et parsemez-le ; salez, poivrez et parsemez le persil. Coupez les oignons en anneaux et disposez-les en parts égales ; ajoutez enfin tous les fruits de mer préparés précédemment et finissez la garniture après avoir lavé puis effeuillé la branche de basilic. Laissez en attente 10 à 15 mn.

6. Arrosez avec l'huile d'olive et placez les pizzas au four ; laissez-les cuire pendant 18 à 20 mn jusqu'à ce qu'elles soient légèrement dorées.

Les différentes variétés de pâtes italiennes

Vous trouverez les principales variétés de pâtes italiennes de la page précédente à l'aide du schéma ci-dessous, que nous avons numéroté par variété pour que vous les reconnaissiez plus facilement.

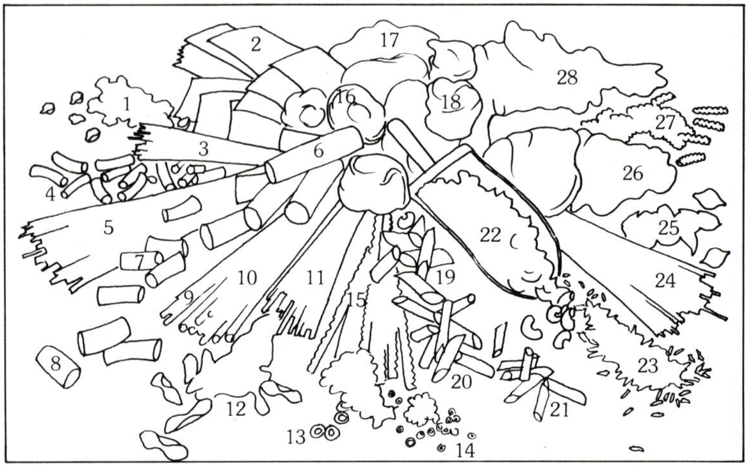

1. Gnocchi
2. Lasagne et lasagne vertes
3. Spaghetti fins (*spaghettini*)
4. Céleris rayés (*elicoidali*)
5. Spaghetti
6. Cannelloni et cannelloni verts
7. Céleris (*rigatoni*)
8. Gros céleris (*grosso rigato*)
9. Macaroni
10. Gros macaroni (*mezzani*)
11. Macaroni fins (*bucatini*)
12. Papillons (*farfalle*)
13. Anneaux ou dés de tailleur (*anelli* ou *ditali*)
14. Petits anneaux ou petits dés de tailleur (*anellini* ou *ditalieni*)
15. Pâtes festonnées (ou volantées) (*tripolini*)
16. Spaghetti en nid (*spaghetti chitarra*)
17. Tagliatelle fines en écheveau (*trenette*)
18. Tagliatelle vertes
19. Grosses plumes (*pennoni*)
20. Plumes rayées (*penne rigate*)
21. Plumes (*penne*)
22. Coudes rayés (*chifferi rigati*)
23. Graines de pommier ou langues d'oiseau (*semini*)
24. Spaghetti plats (*linguettine*)
25. Coquillages (*conchiglie*)
26. Tagliatelle
27. Torsades ou hélices (*tortiglioni*)
28. Tagliatelle fines (*fettucine*)

Spaghetti aux croûtons grillés

Il faut, pour 4 personnes :
150 g de pain rassis
12,5 cl d'huile d'olive
8 filets d'anchois
500 g de spaghetti
2 cuil. à soupe de persil haché
1/2 cuil. à café de sel
Poivre fraîchement moulu

Temps de préparation : 20 mn.

1. Concassez grossièrement le pain rassis ou, mieux, coupez-le en petits dés.

2. Faites chauffer la moitié de l'huile d'olive dans une poêle et faites-y revenir les croûtons de pain jusqu'à ce qu'ils soient dorés. Retirez-les de la poêle et posez-les sur du papier absorbant.

3. Faites chauffer le reste de l'huile dans la même poêle et jetez-y les filets d'anchois ; faites-les revenir doucement.

4. Faites bouillir une grande quantité d'eau salée, plongez-y les spaghetti et laissez-les cuire le temps de cuisson indiqué sur le paquet (environ 8 à 10 mn) selon que vous les aimez *al dente* (fermes) ou bien cuits. Égouttez-les dans une passoire et placez-les dans un plat préchauffé.

5. Ajoutez les croûtons de pain, les filets d'anchois avec leur huile. Parsemez de persil haché, salez modérément, poivrez et mélangez bien le tout.

6. Servez aussitôt afin que les croûtons restent bien croquants.

RAPITAL

Spaghetti à la carbonara

Parmi les innombrables recettes de garnitures pour spaghetti, l'une des plus simples et néanmoins des meilleures est sans conteste à la *carbonara*. Bien sûr, il en existe de nombreuses variantes et la recette d'origine ne comprenait que du lard maigre et du fromage ; la crème, les œufs, étaient alors encore des produits de luxe ! Plus tard, on l'a enrichie en y ajoutant soit des œufs entiers battus, soit des jaunes d'œufs mélangés à de la crème fraîche. Quelle que soit la préparation que vous choisirez, sachez que la qualité du lard est très importante car il doit être bien maigre (on peut utiliser du jambon cru ou de montagne) et pas trop fumé car le goût serait alors trop prononcé. De toute façon, la recette authentique se faisait avec de la *pancetta*, sorte de jambon sec d'origine italienne.

Il faut, pour 4 personnes :
120 g de pancetta (à défaut, tout autre lard maigre ou jambon cru)
1 oignon
50 g de beurre ou d'huile
400 g de spaghetti
2 œufs
4 cuil. à soupe de crème fraîche
1/2 cuil. à café de sel
Poivre fraîchement moulu
50 g de pecorino (à défaut, tout autre fromage de brebis)
50 g de grana padano (à défaut, de parmesan)

Temps de préparation : 30 mn.

1. Pelez l'oignon, hachez-le finement et coupez le lard en petits dés.

2. Faites chauffer le beurre ou l'huile dans une poêle et faites-y revenir l'oignon ; lorsqu'il est juste translucide et ramolli, ajoutez les dés de lard et faites-les revenir pendant 1 à 2 mn. Ils doivent être retirés du feu dès qu'ils sont chauds. Laissez-les en attente.

3. Faites bouillir une grande quantité d'eau salée, plongez-y les spaghetti et laissez-les cuire *al dente* (à peine 8 mn).

4. Pendant ce temps, préchauffez un grand plat (en l'ébouillantant, par exemple) et versez-y les œufs, la crème fraîche, le sel et le poivre ; mélangez bien le tout.

5. Égouttez soigneusement les spaghetti et jetez-les bouillants dans le mélange crémeux : râpez au-dessus les deux variétés de fromages et ajoutez enfin le mélange de lard et d'oignon que vous avez fait revenir au tout début. Mélangez en retournant bien les spaghetti et servez aussitôt.

Variante : Spaghetti aux olives et à l'origan

Très proche de la recette précédente, cette autre version des spaghetti à la carbonara s'en distingue par la simple adjonction d'olives noires dénoyautées et coupées en deux, et de deux cuillerées à café d'origan et une de persil haché que l'on mélange à la préparation précédente au tout dernier moment.

Variante : Spaghetti au jambon cuit

Encore une version qui, cette fois, a pour particularité d'utiliser du jambon cuit coupé en petits dés à la place du lard. Cela rend cette préparation plus douce, au goût moins prononcé, d'autant que l'on remplace le pecorino, à saveur forte, par du parmesan (à raison de 100 g et non plus de 50 comme il est indiqué dans la recette précédente).

On peut, bien entendu, varier à loisir la composition des garnitures, à condition toutefois de conserver les deux éléments de base des pâtes à la carbonara : le lard (ou le jambon) et la crème fraîche. Ensuite, libre à vous d'y ajouter d'autres ingrédients pour en modifier le goût : anchois, croûtons aillés, etc.

Spaghetti aux moules

Les pâtes et les moules se complètent admirablement, que vous les prépariez au naturel ou accompagnées d'une sauce à la tomate.

Il faut, pour 4 personnes :

1 kg de moules
1 oignon
1 bouquet garni
1 carotte
1 morceau de céleri en branche
1/2 l de vin blanc
4 cuil. à soupe d'huile d'olive
1 gousse d'ail
1 cuil. à café de basilic haché
1 cuil. à café de persil haché
1/2 cuil. à café de sel
Poivre fraîchement moulu
1 petite boîte de tomates pelées (500 g)
400 g de spaghetti
100 g de beurre fondu ou ramolli

Temps de préparation : 1 h 30 mn.

1. Nettoyez les moules sous l'eau courante, ébarbez-les, grattez-les et jetez celles qui seraient déjà ouvertes.

2. Pelez l'oignon, le céleri et la carotte ; coupez l'oignon en quatre, lavez la carotte, le céleri et le bouquet garni, coupez la carotte en petites rondelles et le céleri en petits tronçons.

3. Placez tous les légumes dans une grande casserole et versez-y le vin blanc. Portez à ébullition, jetez-y les moules, couvrez et laissez cuire pendant 10 à 12 mn. Au bout de ce temps, elles doivent déjà être ouvertes. Jetez celles qui seraient restées fermées et faites égoutter sur une passoire en conservant le jus. Placez ce « fumet » sur feu vif et laissez-le réduire de moitié.

4. Faites chauffer l'huile d'olive dans une casserole, pelez l'ail, hachez-le et mettez-le dans l'huile, puis les herbes, le sel, le poivre ; faites égoutter les tomates en boîte, jetez-les dans le « fond » de moules réduit et versez le tout dans la casserole. Faites cuire tout doucement pendant environ 30 mn.

5. Au dernier moment, retirez les moules de leur coquille et, juste pour les réchauffer, jetez-les dans la sauce qui est en train de cuire ; couvrez la casserole et laissez mijoter ainsi de 2 à 3 mn.

6. Faites bouillir une grande quantité d'eau salée dans une casserole, plongez-y les spaghetti et laissez-les cuire *al dente* (environ 8 mn). Égouttez-les sur une passoire et remettez-les dans la casserole de cuisson : ajoutez le beurre fondu ou ramolli, mélangez rapidement et apportez sans attendre la casserole sur la table accompagnée de celle qui contient la sauce aux moules.

Spaghetti aux coques

Il faut, pour 4 personnes :

1 oignon
1 gousse d'ail
1 branche de céleri
2 cuil. à soupe d'huile
1 petite boîte de tomates pelées (500 g)
1 kg de coques
1 cuil. à café de sel
Poivre fraîchement moulu
1/2 cuil. à café d'origan en poudre
1/2 cuil. à café de persil haché
1 cuil. à café de thym émietté
12,5 cl de vin blanc
400 g de spaghetti
80 g de grana padano (ou de parmesan)

Temps de préparation : 20 mn.

1. Pelez l'oignon et l'ail et hachez-les très finement. Lavez la branche de céleri, effilez-la et hachez-la également.

2. Faites chauffer l'huile dans une casserole, ajoutez-y l'ail, l'oignon et le céleri et faites-les revenir à feu doux.

3. Faites égoutter les tomates dans une passoire (en gardant le jus qui s'écoule) et laissez-les fondre dans la casserole contenant les aromates pendant 10 mn.

4. Faites ouvrir les coques dans une grande marmite à feu vif pendant 5 à 10 mn, en remuant souvent.

5. Ajoutez alors à la sauce tomate les coques (dont vous aurez retiré la coquille), le sel, le poivre, les herbes et enfin le vin blanc. Laissez cuire 20 mn sur feu doux et ajoutez au fur et à mesure de l'évaporation le jus de la boîte de tomates.

6. Faites bouillir une grande quantité d'eau salée dans une casserole, plongez-y les spaghetti et laissez-les cuire *al dente* (environ 8 mn). Égouttez-les et placez-les sur un plat préchauffé.

7. Servez avec la sauce aux coques et le fromage râpé.

Spaghetti aux coquillages

La différence essentielle entre la recette précédente et celle-ci tient au fait que celle présentée ci-dessous ne comprend pas de tomates et que les coquillages (moules, coques, praires...) sont servis dans leur coquille.

Il faut, pour 4 personnes :
1 gousse d'ail
2 à 3 échalotes
1 carotte
1 branche de céleri
12,5 cl d'huile d'olive
1/4 l de vin blanc sec
1,250 kg de coquillages
1/2 cuil. à café de sel
Poivre fraîchement moulu
1 cuil. à soupe de persil haché
1 cuil. à café de basilic frais finement haché également
400 g de spaghetti

Temps de préparation : 20 mn.

1. Pelez l'ail et les échalotes, hachez-les finement. Pelez la carotte et la branche de céleri, lavez-les et coupez-les en petits dés ou hachez-les grossièrement.

2. Faites chauffer l'huile d'olive dans une casserole, ajoutez-y le hachis d'ail et d'échalotes, les petits dés de carottes et de céleri et faites-les revenir doucement pendant 3 à 4 mn. Versez alors le vin blanc et laissez bouillonner à découvert.

3. Pendant ce temps, grattez et lavez les coquillages sous l'eau courante, ébarbez-les s'il s'agit de moules puis, lorsqu'ils sont nettoyés et que leur coquille est bien nette, jetez-les dans la casserole contenant le vin blanc ; salez, poivrez puis posez un couvercle pour les laisser s'ouvrir pendant quelques minutes (5 mn suffisent en général). Retirez ceux qui ne seraient pas ouverts et jetez-les.

4. Parsemez alors les herbes sur le contenu de la casserole et laissez cuire à découvert, sur feu très doux pendant 10 à 15 mn. Le liquide doit s'évaporer un peu.

5. Pendant ce temps, faites bouillir une grande quantité d'eau salée dans une casserole, plongez-y les spaghetti et faites-les cuire *al dente*. Égouttez-les soigneusement et placez-les sur un plat préchauffé ; ajoutez les coquillages et mélangez bien le fumet des coquillages aux spaghetti. Servez aussitôt.

Un conseil : Servez ces spaghetti avec le même vin que celui qui a servi à la cuisson de la sauce.

Variante : Spaghetti aux filets de poisson

Il faut, pour 4 personnes :
1 sole (ou 1 limande-sole)
1 carotte
1 branche de céleri
Quelques branches de persil avec leur tige
2 cuil. à soupe d'huile d'olive
1 gousse d'ail
1 oignon
2 clous de girofle
1 feuille de laurier
1 cuil. à café de sel
400 g de spaghetti
1 cuil. à soupe de persil haché

Temps de préparation : 1 h 15 mn.

1. Nettoyez soigneusement la sole, videz-la et levez-en les filets ou demandez à votre poissonnier de le faire. Gardez les arêtes et les nageoires et hachez-les grossièrement.

2. Lavez la carotte, la branche de céleri et les branches de persil ; pelez la carotte et coupez-la en rondelles ; coupez le céleri et les tiges de persil en morceaux.

3. Faites chauffer l'huile d'olive dans une casserole, ajoutez-y les rondelles de carotte et les morceaux de céleri et de persil ; pelez la gousse d'ail et mettez-la entière dans la casserole puis pelez les oignons et coupez-les en quatre ; ajoutez-les, ainsi que les clous de girofle et la feuille de laurier. Jetez-y le hachis d'arêtes et de nageoires, remuez bien ; couvrez de 1,5 litre d'eau puis laissez cuire sur feu doux pendant une petite heure. Écumez de temps à autre.

4. Au bout de ce temps, passez ce liquide au tamis ou dans une passoire puis replacez-le dans la casserole sur feu très doux pour qu'il réduise et qu'il n'en reste que 3/4 de litre environ.

5. Ajoutez-y alors la cuillerée de sel, plongez-y les spaghetti et laissez cuire 2 à 3 mn puis placez délicatement les filets de poisson pour qu'ils ne se défassent pas à la cuisson ; laissez cuire le tout encore 8 mn ; faites égoutter les spaghetti et les filets de poisson, placez sur un plat préchauffé et parsemez de persil haché.

Spaghetti à l'ail

C'est un grand classique parmi les plats de pâtes en Italie ; sa simplicité et sa saveur tout à fait remarquable en font une des recettes les plus appréciées par les amateurs d'ail. Celle que nous vous proposons ici provient d'Italie du Sud et sa particularité tient au fait que l'on ajoute un hachis de petit piment rouge qui renforce encore le caractère corsé de ce plat. Pour ceux qui aiment les saveurs relevées !

Il faut, pour 4 personnes :
500 g de spaghetti
Sel - 3 gousses d'ail
12,5 cl d'huile d'olive
1 piment fort haché très menu
2 cuil. à soupe de persil haché

Temps de préparation : 15 mn.

1. Faites bouillir une grande quantité d'eau salée dans un récipient, plongez-y les spaghetti et faites-les cuire *al dente* (environ 8 mn) ; égouttez-les et replacez-les dans le récipient encore chaud.

2. Pendant ce temps, faites chauffer l'huile d'olive dans une poêle, pelez les gousses d'ail et hachez-les très finement. Si vous possédez le petit appareil qui permet d'en extraire le jus, pressez l'ail au-dessus de la poêle, sinon ajoutez-en le hachis puis celui de piment fort. Remuez vivement la poêle et laissez cuire juste le temps qu'ils étuvent un peu.

3. Versez alors le contenu sur les spaghetti encore chauds et parsemez de persil haché. Servez aussitôt.

Un conseil : On peut ajouter à ce plat du parmesan râpé comme on le fait dans certaines régions d'Italie, mais cela n'a rien d'obligatoire.

Spaghetti à l'ail et aux tomates

Il faut, pour 4 personnes :
2 gousses d'ail
4 cuil. à soupe d'huile d'olive
1 cuil. à café de sel
Poivre fraîchement moulu
1 piment fort haché très finement
1 petite boîte de tomates pelées
3 cuil. à soupe de persil haché
400 g de spaghetti
100 g de parmesan fraîchement râpé

Temps de préparation : 20 mn

1. Faites chauffer l'huile d'olive dans une poêle. Pelez l'ail et pressez-en le jus au-dessus de la poêle ou hachez-le finement. Ajoutez le sel, le poivre, le piment, laissez étuver quelques instants puis versez les tomates et leur jus et laissez ainsi, sur feu doux, jusqu'à ce que les tomates se défassent. A ce moment, ajoutez le persil haché et laissez la cuisson se poursuivre tout doucement.

2. Faites bouillir une grande quantité d'eau salée, plongez-y les spaghetti et faites-les cuire *al dente*. Égouttez-les et placez-les sur un plat préchauffé ; versez la sauce et, au dernier moment, parsemez le parmesan râpé. Servez aussitôt.

Variante : Spaghetti à l'ail et aux aubergines

Il faut, pour 4 personnes :
500 g d'aubergines
1 cuil. à café de sel
2 gousses d'ail
1 petit oignon blanc
1 piment
4 cuil. à soupe d'huile d'olive
400 g de spaghetti

Temps de préparation : 45 mn.

1. Lavez les aubergines, pelez-les et coupez-les en très fines rondelles, salez-les et faites-les dégorger pendant 30 mn.

2. Pelez les gousses d'ail et l'oignon ; hachez-les très finement. Lavez le piment, coupez-le en deux et retirez-en les pépins et les parties blanches.

3. Faites chauffer l'huile d'olive dans une poêle, faites blondir le hachis d'ail et d'oignon puis ajoutez les deux moitiés de piment.

4. Passez rapidement les tranches d'aubergines sous l'eau courante pour en retirer le goût salé, égouttez-les sur une passoire et essuyez-les soigneusement avec du papier absorbant ; faites-les alors revenir sur leurs deux faces dans la poêle.

5. Faites bouillir une grande quantité d'eau salée dans une casserole, plongez-y les spaghetti et faites-les cuire *al dente*. Égouttez-les, placez-les sur un plat chaud.

6. Retirez les demi-piments de la poêle dont vous verserez le contenu sur les spaghetti. Servez aussitôt.

Spaghetti grillés à la sauce aux moules

Il faut, pour 4 personnes :
300 g de spaghetti
Quelques filets d'huile d'olive
1 oignon
1 gousse d'ail
2 carottes
1/4 de céleri-rave
Quelques bouquets de persil
4 cuil. à soupe d'huile d'arachide
1/2 l de vin blanc sec
1 kg de moules (de bouchot de préférence)
1 cuil. à café de sel
Poivre fraîchement moulu
500 g de tomates bien mûres
80 g de beurre
1 cuil. à soupe de persil haché

Temps de préparation :
1 h 45 mn (cuisson comprise).

1. Faites bouillir une grande quantité d'eau salée dans une casserole, plongez-y les spaghetti et laissez-les cuire pendant 8 mn environ ; égouttez-les dans une passoire.

2. Versez quelques filets d'huile d'olive sur un grand plat et formez 4 nids avec les spaghetti en les enroulant sur eux-mêmes ; posez-les sur le plat et laissez-les en attente, au chaud.

3. Pelez l'ail et l'oignon, les carottes et le céleri-rave ; lavez ces deux derniers ainsi que le persil et essuyez-les avec du papier absorbant ; coupez-les en petits dés et hachez ensemble l'ail, l'oignon et le persil.

4. Faites chauffer l'huile dans une grande casserole et faites-y revenir tous les légumes que vous venez de préparer, pendant 8 à 10 mn ; ajoutez alors le vin blanc et couvrez.

5. Lavez et grattez les moules sous l'eau froide ; ébarbez-les et jetez-les dans la casserole ; ajoutez le sel et le poivre, couvrez encore et laissez les moules s'ouvrir pendant quelques minutes.

6. Lorsqu'elles sont ouvertes, sortez les moules de la casserole avec une écumoire, enlevez leur coquille (jetez celles qui ne se seraient pas ouvertes) et replacez-les dans la sauce ; passez-la au tamis.

7. Plongez les tomates dans de l'eau en ébullition pendant 1 mn, égouttez-les, pelez-les, coupez-les en deux, retirez le maximum de pépins et concassez la chair qui reste. Reversez les légumes et les moules dans la casserole, ajoutez la chair des tomates et laissez cuire le tout à très petit feu pendant 20 à 30 mn. Versez de temps à autre un peu du jus de cuisson pour éviter que la sauce n'attache.

8. Au bout de ce temps, faites revenir le beurre dans une poêle et posez un à un les nids de spaghetti laissés en attente. Faites-les griller légèrement de chaque côté et, lorsqu'ils sont juste dorés, parsemez le persil haché.

9. Servez aussitôt, accompagné de la sauce aux moules.

Variante : Gratin de spaghetti aux moules

La recette est sensiblement la même que la précédente, à la différence que l'on ajoute 200 g de petits pois frais ou en conserve et 150 g de fontina (ou de comté) coupé en petits dés, à la sauce aux moules.
Les proportions des autres ingrédients ne changent pas mais la préparation est très légèrement différente ; lorsque les spaghetti sont cuits *al dente*, il faut les mêler intimement à la sauce aux moules puis placer ce mélange dans un moule à gratin préalablement beurré ; préchauffer le four (thermostat 6) et laisser cuire le gratin au four de 30 à 40 mn jusqu'à ce qu'il soit bien doré.

Pâtes fraîches

On peut, bien entendu, réaliser toutes les recettes de ce livre avec des pâtes sèches et consacrer le peu de temps dont on dispose à la préparation de la sauce. Mais si, par chance, vous avez la possibilité de préparer vous-même la « pâte à pâtes », donnez-vous-en la peine : vous apprécierez à quel point les pâtes « faites maison » sont meilleures, surtout lorsqu'il s'agit de recettes simples, où la consistance et le goût des pâtes sont essentiels (spaghetti à l'ail ou fettucine au beurre et au fromage par exemple). Il faut, en fait, un peu d'habitude et moins de temps que l'on ne pense pour réaliser une « pâte à pâtes » parfaite.

Quelques conseils pratiques

A la base de toute pâte réussie, se trouve la qualité des ingrédients qui la composent : farine impeccable, œufs de première fraîcheur ; bien entendu, les viandes et les poissons qui serviront à la garniture se doivent d'être, eux aussi, irréprochables ; pas de compromis, tout élément douteux est à proscrire ! C'est là le premier secret de la réussite de vos pâtes.

* La préparation en est simple ; d'après la règle de Faust, c'est le pétrissage de 100 g de farine, 1 œuf, 1 cuil. à soupe d'huile et 1 pincée de sel qui transforme la pâte en « pâtes » (voir recette de base).

* On peut préparer cette pâte à l'avance et ne l'utiliser que quelques heures plus tard.

* Le déroulement et le découpage de la pâte peuvent paraître délicats au premier abord ; en fait, avec un peu d'habitude, cela se fait très vite mais, bien entendu, si vous disposez d'une machine à pâte, votre tâche en sera simplifiée puisque c'est la machine qui se chargera de ces opérations.

Recette de base

Il faut, pour 4 personnes :

300 g de farine
3 œufs
1 cuil. à café de sel
3 cuil. à soupe d'huile d'olive

Temps de préparation : 30 mn.

Photo n° 1 : Formez une fontaine avec la farine tamisée sur un plan de travail et creusez une cavité au milieu pour y casser les œufs.

Photo n° 2 : Ajoutez le sel et l'huile d'olive.

Photo n° 3 : A l'aide d'une fourchette, mélangez les œufs, le sel, l'huile d'olive et un peu de farine.

Photo n° 4 : Avec les deux mains, ramenez un peu de farine de l'extérieur vers l'intérieur pour la mélanger aux œufs.

Photo n° 5 : Continuez comme précédemment jusqu'à ce qu'il n'y ait plus du tout de farine ; si la pâte est trop sèche, ajoutez un peu d'eau et continuez de pétrir.

Photo n° 6 : Après 10 mn de pétrissage, la pâte doit se décoller de vos doigts et devenir compacte et lisse ; aplatissez à plusieurs reprises cette boule avec la paume de vos mains jusqu'à ce qu'elle se décolle et qu'elle soit parfaitement élastique. Laissez en attente de 1 à 2 heures jusqu'à ce que vous continuiez la préparation.

Préparation de la pâte à pâtes avec un robot à bol mixeur

Les appareils ménagers sont maintenant très répandus dans nos foyers et vous possédez probablement un robot à bol mixeur qui pétrit, monte les blancs en neige, fait la purée, etc. Si c'est le cas, votre tâche va en être grandement facilitée.

* Placez dans le bol du mixeur la farine, les œufs, le sel et l'huile d'olive et faites tourner pendant quelques minutes. Ajoutez un peu d'eau si nécessaire et attendez que la pâte se forme toute seule. C'est très spectaculaire !

Sortez ensuite la boule du mixeur, repétrissez-la un peu pour qu'elle soit bien compacte et bien lisse et laissez-la en attente comme dans la recette précédente.

Pâtes fraîches

Le découpage des pâtes « faites maison »

Que l'on utilise un rouleau à pâtisserie pour le déroulement et un couteau de cuisine pour le découpage ou, plus simplement, une « machine à pâtes », cela ne change ni le goût, ni la qualité, ni même la consistance des pâtes que l'on obtiendra ; même la question du temps n'est pas vraiment déterminante puisqu'on passe pratiquement autant de temps à préparer les bandes de pâte avec la machine qu'avec le rouleau à pâtisserie et le couteau.

Photo nº 1 : Après avoir reposé 1 heure, la pâte que vous avez précédemment préparée doit être détendue. Formez deux boules et aplatissez-les avec un rouleau à pâtisserie sur une surface recouverte d'une légère couche de farine. Continuez de l'étirer de gauche à droite et de haut en bas jusqu'à ce que la feuille soit devenue très fine (environ 1 mm d'épaisseur).

Photo nº 2 : Repliez la pâte sur elle-même sans la presser, poudrez un peu de farine ou, mieux encore, de semoule, et enroulez chaque côté de l'extérieur vers l'intérieur.

Photo nº 3 : Coupez alors la pâte en bandes de 4 à 5 mm de largeur (par exemple pour des fettucine) et posez dessus un torchon propre pour les assécher un peu.

Photo nº 4 : Pour l'utilisation d'une machine à pâtes, nous recommandons de lire les instructions du fabricant car il en existe de différentes sortes sur le marché. Néanmoins, la plupart ont en commun de posséder une manivelle et deux cylindres comprenant trois fentes ; l'une pour le laminage de la pâte et dont l'écartement se resserre de plus en plus pour former une très fine pâte ; et deux lames pour former deux sortes de pâtes plus fines ou plus larges selon les goûts.

Photo nº 5 : L'opération nº 1 vous ayant permis de donner à la pâte l'épaisseur recherchée (1 mm en général), laissez-la sécher un peu (mais pas trop) et placez-la dans la fente choisie pour le découpage en « pâtes » ; tournez la manivelle, vous obtiendrez des bandes de 4 à 5 mm de largeur, très régulières et très longues. Les pâtes sont prêtes.

Photo nº 6 : Laissez-les en attente sur un torchon propre pour qu'elles sèchent un peu ; vous pouvez alors former des nids, ou les laisser telles en les séparant bien les unes des autres pour qu'elles ne collent pas. Vous pouvez également les suspendre sur un bâton (manche à balai, par exemple) dont les extrémités seront fixées en hauteur. De cette manière, les pâtes ne colleront pas les unes aux autres.

Variante : Pâtes à la farine complète

Cette recette donne un résultat quelque peu différent de la recette précédente ; le goût des pâtes est plus corsé et elles sont plus nourrissantes.

Il faut, pour 4 personnes :

300 g de farine complète
1 cuil. à soupe de farine de soja
2 œufs
2 cuil. à café de sel
3 cuil. à soupe d'huile de tournesol
5 cuil. à soupe d'eau chaude

Mélangez la farine complète et la farine de soja ; formez une fontaine sur un plan de travail, creusez une cavité, cassez-y les œufs, ajoutez le sel, l'huile et l'eau et procédez comme il est indiqué dans la recette de base (p. 41). Si la pâte est trop molle, ajoutez un peu de farine et pétrissez-la jusqu'à ce qu'elle soit souple mais non collante. Formez alors une boule, huilez-la légèrement avec du papier absorbant, par exemple, et laissez-la reposer pendant 1 heure dans un endroit tiède.

Nouilles d'Alfredo

Le summum de la simplicité allié au niveau le plus élevé du raffinement ; c'est l'exemple type de ce que nous exposions précédemment quant à la qualité des ingrédients. C'est pourquoi cette recette ne peut être parfaite qu'avec des pâtes « faites maison ».

Il faut, pour 4 personnes :

300 g de tagliatelle « faites maison » (voir recette de base p. 41)
60 g de beurre
120 g de parmesan fraîchement râpé
250 g de crème fraîche
Sel
Poivre fraîchement moulu
1 pincée de noix muscade fraîchement râpée

Temps de préparation : 20 mn.

1. Préparez les tagliatelle et faites-les cuire dans une grande quantité d'eau salée en ébullition pendant 1 mn. Égouttez-les.

2. Faites chauffer le beurre dans une grande casserole, ajoutez-y les tagliatelle et remuez vivement.

3. Saupoudrez de parmesan, mélangez à l'aide de deux fourchettes et versez la crème fraîche ; mêlez le tout et parsemez la noix muscade râpée ; ajoutez le poivre, le sel et servez aussitôt. Un délice !

Variante : Tagliatelle à l'ail et aux anchois

Il faut, pour 4 personnes :

300 g de tagliatelle (fettucine)
12,5 cl d'huile d'olive
1 piment rouge
12 filets d'anchois
2 gousses d'ail
2 cuil. à soupe de persil haché
40 g de câpres

Temps de préparation : 20 mn.

1. Préparez les tagliatelle (recette p. 41) et faites-les cuire dans une grande quantité d'eau salée en ébullition pendant 1 mn. Égouttez-les.

2. Coupez le piment en deux, ôtez les parties blanches et les pépins qui se trouvent à l'intérieur.

3. Faites chauffer l'huile d'olive dans une poêle et faites-y revenir les deux moitiés de piment pendant 2 mn.

4. Faites égoutter les filets d'anchois et coupez-les en petits morceaux ; pelez l'ail, hachez-le et faites revenir le tout dans la poêle. Remuez bien.

5. Ajoutez au dernier moment le persil haché et les câpres ; remuez encore, sortez les deux moitiés de piment de la sauce et versez-la sur les tagliatelle (fettucine). Servez aussitôt.

Variante : Tagliatelle aux herbes fraîches

Cette recette, vite préparée, a comme autre avantage de pouvoir varier à l'infini en changeant tout simplement les herbes proposées : ciboulette, estragon, cerfeuil, sauge, basilic, origan...

Il faut, pour 4 personnes :

4 tomates
2 oignons
2 gousses d'ail
4 cuil. à soupe d'huile
2 cuil. à soupe de beurre (20 g environ)
2 cuil. à soupe d'herbes hachées (par ex. persil, basilic, sauge)
Sel - Poivre fraîchement moulu
500 g de tagliatelle (fettucine)
Parmesan fraîchement râpé

Temps de préparation : 20 mn.

1. Plongez les tomates dans de l'eau en ébullition, égouttez-les, pelez-les, coupez-les en deux et ôtez leurs pépins ; coupez la chair en petits morceaux.

2. Pelez l'ail et les oignons, hachez-les finement.

3. Faites chauffer l'huile et le beurre dans une poêle, ajoutez-y le hachis d'ail et d'oignons et faites-le revenir doucement ; ajoutez les tomates, les herbes, le sel et le poivre, et laissez cuire le tout pendant 2 mn environ.

4. Faites cuire les tagliatelle dans une grande quantité d'eau salée en ébullition pendant 1 mn (*al dente*) si ce sont des pâtes fraîches. Égouttez-les soigneusement.

5. Jetez-les dans la poêle où cuisent les tomates et les herbes et faites revenir très rapidement.

6. Versez dans un grand plat préchauffé, saupoudrez de parmesan râpé et servez aussitôt.

Tagliatelle aux noix et au basilic

Il faut, pour 4 personnes :
200 g de cerneaux de noix
1/2 cuil. à café de sel
Poivre fraîchement moulu
10 feuilles de basilic frais
1/2 gousse d'ail
2 à 3 cuil. à soupe de crème fraîche
25 cl d'huile d'olive
400 g de tagliatelle larges
1 cuil. à café d'herbes hachées (persil ou basilic)

Temps de préparation : 40 mn.

Pour cette recette, il est préférable d'utiliser des noix fraîches et de les « craquer » soi-même ; sinon, vous pouvez également acheter des cerneaux de noix déjà décortiqués, en sachet.

1. Pilez les noix au mortier et réduisez-les en pommade ; pelez l'ail et hachez-le finement avec le basilic. (Utilisez un mixeur si vous en avez un pour que ce hachis soit le plus fin possible).

2. A la pommade de noix, ajoutez le sel, le poivre puis, petit à petit, le hachis d'ail et de basilic.

3. Lorsque la pommade est bien homogène, versez alors peu à peu la crème fraîche en battant légèrement.

4. Placez alors cet « appareil » dans un grand récipient et versez-y l'huile d'olive, en filets, en battant régulièrement comme pour faire une mayonnaise ; la sauce doit être bien émulsionnée pour être réussie.

5. Faites cuire *al dente* les tagliatelle dans une grande quantité d'eau salée en ébullition, égouttez-les, passez-les rapidement sous l'eau froide, servez-les recouvertes de la sauce froide aux noix et parsemez les herbes hachées.

Tagliatelle aux courgettes

Il faut, pour 4 personnes :
500 g de courgettes
1 petit oignon
1 gousse d'ail
6 cuil. à soupe d'huile d'olive
1/2 cuil. à café de sel
Poivre fraîchement moulu
1 cuil. à café de basilic haché
2 cuil. à café de persil haché
400 g de tagliatelle larges
Parmesan fraîchement râpé

Temps de préparation : 30 mn.

1. Lavez les courgettes, essuyez-les avec du papier absorbant et, sans les éplucher, coupez-les en tronçons de 2 à 3 mm d'épaisseur.

2. Pelez l'ail, l'oignon et hachez-les très finement.

3. Faites chauffer l'huile dans une poêle et faites-y revenir les rondelles de courgettes jusqu'à ce qu'elles prennent couleur (en moyenne de 6 à 8 mn). Lorsqu'elles sont très légèrement dorées, retirez-les de la poêle avec une écumoire et posez-les sur du papier absorbant.

4. Jetez une grande partie de l'huile pour n'en garder que l'équivalent de 2 cuil. à soupe. Faites revenir le hachis d'ail et d'oignon dans l'huile restante puis remettez les rondelles de courgettes, ajoutez le sel, le poivre, le basilic et le persil hachés et faites revenir le tout sur feu vif pendant 2 à 3 mn.

5. Faites cuire les tagliatelle dans une grande quantité d'eau salée en ébullition, égouttez-les, versez-les dans un grand plat préchauffé et posez dessus les courgettes ; saupoudrez de parmesan et servez aussitôt.

Variante : Gratin de nouilles aux courgettes

La recette précédente convient également parfaitement pour réaliser un gratin ; pour ce faire, voici comment procéder :

1. Graissez à l'huile un plat à gratin ; posez successivement une couche de tagliatelle, une couche de courgettes, puis de nouveau une couche de tagliatelle, etc., jusqu'à épuisement des ingrédients.

2. Mélangez dans un bol 50 g de parmesan râpé, 50 g de chapelure et 1 cuil. à soupe de persil haché. Saupoudrez ce mélange sur le gratin et parsemez-en le dessus de noisettes de beurre.

3. Placez au four, préchauffé de préférence, à thermostat 6 pendant 15 mn.

4. Sortez le gratin du four lorsqu'il est bien doré, ajoutez encore quelques noisettes de beurre et servez tout de suite.

Un conseil : Vous pouvez réaliser cette recette en remplaçant les courgettes par des aubergines.

Tagliatelle aux crevettes roses

Le fin du fin, pour cette recette, est d'utiliser des gambas à la place des crevettes ; à défaut, prenez des bouquets ou des crevettes roses de Norvège.

Il faut, pour 4 personnes :

400 g de tagliatelle
300 g de crevettes roses (ou de gambas)
250 g de crème fraîche
Sel
Poivre fraîchement moulu
1 cuil. à soupe de persil haché

Temps de préparation : 40 mn.

1. Faites cuire les crevettes (ou les gambas) dans de l'eau salée en ébullition, pendant 2 à 3 mn, égouttez-les, passez-les rapidement sous l'eau froide et décortiquez-les.

2. Faites chauffer la crème fraîche dans une casserole pendant 6 à 8 mn, ajoutez-y les crevettes, le sel, le poivre, le persil et laissez encore mijoter pendant 5 à 6 mn, à découvert.

3. Pendant ce temps, faites cuire les tagliatelle dans une grande quantité d'eau salée en ébullition jusqu'à ce qu'elles soient *al dente* ; égouttez-les.

4. Au moment de servir, mélangez le contenu des deux casseroles dans un plat préchauffé et servez de suite, accompagné, le cas échéant, de parmesan râpé.

Tagliatelle sauce cardinale

Comble de luxe et de raffinement, cette recette peut se préparer avec du homard ou du crabe.

Il faut, pour 4 personnes :

100 g de beurre
1 gousse d'ail
200 g de chair de homard (ou de crabe)
200 g de tomates pelées et épépinées
1/2 cuil. à café de sel
Poivre fraîchement moulu
6 cuil. à soupe de vin blanc sec
1 cuil. à soupe de persil haché
400 g de tagliatelle
80 g de parmesan fraîchement râpé

Temps de préparation : 30 mn.

1. Pelez l'ail, hachez-le finement. Réduisez les tomates en purée, coupez la chair du homard en morceaux ou effeuillez légèrement la chair du crabe.

2. Faites fondre le beurre dans une poêle et faites-y revenir le hachis d'ail ; ajoutez alors les crustacés de votre choix, remuez bien, laissez cuire pendant 2 à 3 mn à chaleur vive ; versez ensuite la purée de tomates, le vin blanc, poudrez de sel, de poivre et de persil haché. Laissez cuire le tout, à feu doux cette fois, pendant 15 à 20 mn.

3. Faites cuire les tagliatelle dans une grande quantité d'eau en ébullition, salée, jusqu'à ce qu'elles soient *al dente* ; égouttez-les et servez-les mélangées à la sauce cardinale dans un plat préchauffé. Présentez le parmesan à part.

Variante : Tagliatelle aux langoustines

Il faut, pour 4 personnes :

1 oignon
20 g de beurre
250 g de petits pois
12,5 cl de bouillon de viande ou de poisson
1 cuil. à café de sel
Poivre fraîchement moulu
150 g de langoustines
12,5 cl de crème fraîche
1 cuil. à soupe de persil haché
400 g de tagliatelle fines (fettucine)
Parmesan fraîchement râpé

Temps de préparation : 30 mn.

1. Pelez l'oignon et hachez-le très finement.

2. Faites fondre le beurre dans une casserole et, pendant 15 mn, faites-y blondir l'oignon haché.

3. Au bout de ce laps de temps, ajoutez les petits pois et le bouillon (de viande ou de poisson), le sel, le poivre et laissez de nouveau mijoter à feu doux pendant 10 mn.

4. Coupez les langoustines en gros morceaux et ajoutez-les au contenu de la casserole pour les faire réchauffer pendant 4 à 5 mn.

5. Versez la crème fraîche dans la casserole, ajoutez le persil haché et laissez mijoter le tout encore quelques minutes.

6. Faites cuire les tagliatelle dans une grande quantité d'eau salée en ébullition ; égouttez-les et servez-les mélangées à la sauce aux langoustines dans un grand plat préchauffé.

7. Présentez à part le parmesan râpé.

Tagliatelle fines « al pesto »

Cette sauce, à base de basilic frais (notre « pistou » provençal) et d'huile d'olive, est une des plus célèbres de la gastronomie italienne ; originaire de Gênes, elle condimente pâtes et potages et se présente sous forme d'une sauce épaisse et très parfumée.

Il faut, pour 4 personnes :
4 gousses d'ail
50 g de pignons de pin
1/2 cuil. à café de sel
120 g de basilic frais
50 g de pecorino (ou de parmesan râpé)
80 g de parmesan
Poivre fraîchement moulu
25 cl d'huile d'olive extra vierge
400 g de trenette

Temps de préparation : 1 h.

1. Pelez l'ail, coupez-le en petits morceaux et pilez-le au mortier avec les pignons ; lavez les feuilles de basilic, séchez-les, coupez-les en morceaux et pilez-les également au mortier ; ajoutez le sel et continuez de piler jusqu'à obtention d'une pommade épaisse et homogène.

2. Concassez les deux fromages et passez-les au pilon avec le reste des ingrédients, ajoutez le poivre, puis l'huile d'olive en minces filets en tournant sans arrêt ; la sauce doit être émulsionnée. (Si l'on préfère un goût plus doux, on peut n'utiliser que du parmesan à la place du mélange pecorino-parmesan.)

3. Faites cuire les trenette dans une grande quantité d'eau salée en ébullition jusqu'à ce qu'elles soient *al dente* (de 8 à 10 mn) ; égouttez-les.

4. Servez-les aussitôt mélangées à la sauce al pesto dans un grand récipient préchauffé.

Un conseil : Vous pouvez également préparer de la sauce al pesto à l'avance et l'utiliser au fur et à mesure de vos besoins. Pour cela, voici comment procéder : préparez la sauce comme précédemment mais en n'utilisant que deux gousses d'ail, la moitié du sel et aucun des fromages ; ajoutez l'huile jusqu'à ce que la sauce forme masse et remplissez-en un sachet en plastique. Fermez-le hermétiquement et faites congeler. Au moment de l'utilisation, pilez les deux gousses d'ail restantes, le fromage et le reste de sel. Mélangez à la sauce du sachet lorsqu'elle est décongelée.

Variante : Tagliatelle fines sauce à l'oignon

Il faut, pour 4 personnes :
300 g d'oignons
120 g de jambon cuit
4 feuilles de sauge
50 g de beurre
1 cuil. à café de sel
1 pincée de sucre
Poivre fraîchement moulu
1/4 l de bouillon de viande (si possible de poule)
25 cl de crème fraîche
400 g de trenette
80 g de parmesan fraîchement râpé

Temps de préparation : environ 1 h.

1. Pelez les oignons et coupez-les en petits dés ; coupez le jambon de la même façon et émiettez les feuilles de sauge.

2. Faites fondre le beurre dans une poêle, faites-y revenir les oignons et la sauge et laissez-les ramollir pendant 20 mn environ, sur feu très doux pour qu'ils ne prennent pas couleur.

3. Au bout de ce laps de temps, ajoutez le sel, le poivre, le sucre, versez le bouillon de volaille et laissez cuire encore de 12 à 15 mn, toujours à feu très doux.

4. Pendant ce temps, faites cuire les pâtes *al dente* dans une grande quantité d'eau salée en ébullition ; égouttez-les et laissez-les au chaud sur un grand plat préchauffé, par exemple.

5. Ajoutez la crème fraîche et les cubes de jambon à la sauce à l'oignon et laissez encore revenir quelques minutes.

6. Au moment de servir, versez la sauce sur le plat contenant les pâtes, mélangez bien le tout et servez avec du parmesan râpé.

Tagliatelle fines aux fruits de mer

Un plat d'une telle richesse ne peut se concevoir, selon nous, que pour un plat de résistance et non, comme on le sert en Italie, en entrée ou en hors-d'œuvre ! Tout dépend, évidemment, des quantités que l'on prévoit par personne ; dans le cas présent, il faut diviser par deux toutes les proportions pour en faire une simple entrée.
Tous les fruits de mer que nous conseillons doivent être d'une fraîcheur irréprochable ; plutôt changer l'assortiment des fruits de mer en fonction des arrivages ou des saisons que de prendre le risque de compromettre la qualité exceptionnelle de ce plat.

Il faut, pour 4 personnes :

2 carottes
1 branche de céleri
Quelques branches de persil
2 cuil. à soupe d'huile
4 calmars
4 coquilles Saint-Jacques
4 langoustines
4 gambas (ou, à défaut, de gros bouquets roses)
80 g de beurre
350 g de tagliatelle fines

Pour la sauce :

200 g de crème fraîche
120 g de gorgonzola
Poivre fraîchement moulu
1 pincée de noix muscade fraîchement râpée

Temps de préparation : 1 h

1. Lavez les carottes, le céleri et les branches de persil. Essuyez-les. Pelez le céleri et les carottes et coupez-les en petits dés ; coupez également le persil — tiges et feuilles — avec des ciseaux (il ne faut pas que les morceaux soient trop petits).

2. Faites chauffer l'huile dans une grande casserole et faites-y revenir les légumes ainsi que le persil, sur feu doux, pendant 4 à 5 mn. Au bout de ce temps, versez 1/2 litre d'eau dans la casserole et portez à ébullition.

3. Nettoyez les calmars, retirez le cartilage et la poche d'encre qui se trouvent à l'intérieur, videz-les de leur substance molle mais gardez-en les tentacules et plongez-les dans le bouillon en ébullition ; laissez-les cuire pendant 5 à 7 mn.

4. Préparez les coquilles Saint-Jacques : ouvrez-les, retirez-en le corail et la chair (partie blanche) avec un couteau plat, nettoyez-les soigneusement et ajoutez-les au contenu de la casserole pour les faire cuire pendant 2 mn environ.

5. Les calmars et les coquilles Saint-Jacques ayant cuit le temps indiqué, sortez-les du bouillon avec une écumoire, posez-les sur une assiette et coupez-les, en tranches pour les coquilles, en anneaux pour les calmars.

6. Faites chauffer le beurre dans une poêle ; décortiquez les langoustines et les gambas à cru, retirez-en la tête et faites-les revenir rapidement sur feu vif pour qu'elles raidissent ; à ce moment, baissez le feu et remettez les coquilles Saint-Jacques et les calmars ; faites-les dorer de toutes parts puis retirez-les du feu pour qu'ils ne cuisent pas trop longtemps car ils durciraient.

7. Pendant ce temps, remettez sur le feu le bouillon ayant servi à la cuisson des légumes et, au besoin, ajoutez de l'eau salée ; plongez-y les tagliatelle et faites-les cuire *al dente*. Égouttez-les et replacez-les dans le récipient encore chaud en remuant avec une fourchette pour qu'elles ne collent pas.

8. Préparez la sauce pendant la cuisson des pâtes : placez sur feu doux un récipient contenant la crème fraîche et faites-la réduire de moitié ; ajoutez le fromage par petits morceaux en battant avec un fouet pour que la crème devienne très homogène, poivrez, salez très légèrement et râpez l'équivalent d'une pincée de noix muscade pour en corser le goût.

9. Faites préchauffer un plat allant au four ou, mieux, quatre assiettes individuelles sur un chauffe-plat, posez-y les tagliatelle encore chaudes, répartissez équitablement les fruits de mer et recouvrez avec la sauce au gorgonzola.
Vous pouvez également procéder ainsi : mélangez les tagliatelle et la sauce au gorgonzola, versez dans des assiettes individuelles préchauffées, et posez un fruit de mer de chaque espèce au centre de chaque assiette, comme il est montré sur la photo ci-contre.

TORRE DI

Pâtes fantaisie à la sauce bolognaise

Cette sauce, que l'on ne présente plus, fait partie du patrimoine gastronomique de l'Italie.
La seule fantaisie que nous nous accordons (les Italiens nous le pardonneront-ils ?...), c'est d'utiliser des pâtes « volantées » à la place des traditionnels spaghetti.

Il faut, pour 4 personnes :
1 petit oignon
1 carotte
Quelques branches de persil
1 branche de céleri
80 g de beurre
300 g de viande de bœuf maigre
12,5 cl de bouillon de volaille (ou de bœuf)
2 cuil. à soupe de concentré de tomate
1/2 boîte de tomates pelées et épépinées
Sel - Poivre
1 cuil. à café de thym effeuillé
1 cuil. à café de basilic frais
12,5 cl de vin rouge (facultatif)
400 g de pâtes fantaisie (ici ce sont des pâtes volantées appelées « tripolini »)
80 g de grana padano fraîchement râpé ou, à défaut, de parmesan

Temps de préparation : 1 h 40 mn (comprenant la cuisson).

1. Coupez l'oignon, hachez-le finement. Pelez la carotte, la branche de céleri et lavez-les avec le persil ; essuyez le tout ; coupez le céleri et la carotte en petits dés et le persil en morceaux avec des ciseaux. Laissez en attente.

2. Coupez la viande en morceaux et passez-la au hachoir, grille moyenne. Si vous n'en possédez pas, faites-la hacher par votre boucher mais, dans ce cas, il faut utiliser la viande dans les 2 ou 3 heures qui suivent.

3. Faites chauffer le beurre dans une cocotte et faites-y revenir doucement les légumes pendant quelques minutes ; ajoutez alors la viande hachée et montez le feu pour qu'elle grille de toutes parts pendant quelques instants ; versez le bouillon dans la cocotte, baissez un peu le feu et ouvrez la boîte de tomates ; jetez son contenu dans la cocotte, ajoutez le concentré de tomate, le sel et le poivre, le thym, le basilic. Portez à ébullition puis baissez le feu au maximum, couvrez et laissez mijoter pendant 40 à 50 mn.

4. Au bout de ce laps de temps, versez le vin rouge et laissez mijoter encore 5 à 10 mn. (Cette phase est facultative mais elle enrichit le goût de la sauce.)

5. Faites bouillir une grande quantité d'eau salée, plongez-y les pâtes et faites-les cuire *al dente* ; égouttez-les et placez-les sur un plat préchauffé.

6. Servez séparément les pâtes, la sauce (en saucière ou dans un récipient creux) et le grana padano (ou le parmesan) râpé ; chacun fera son propre mélange.

Variante : Tagliatelle vertes à la bolognaise

Très proche de celle de la recette précédente, cette sauce bolognaise a un goût légèrement plus doux, qui se marie merveilleusement avec celui des pâtes vertes.
Elle se prépare de la même façon que dans la recette précédente mais on y ajoute une feuille de laurier, un clou de girofle et une gousse d'ail préalablement pelée et hachée.
Lorsque la sauce est cuite, on y verse 12,5 cl de crème fraîche, on replace sur feu doux en remuant bien : elle devient d'une consistance plus crémeuse et d'une saveur plus douce.
Au moment de servir, n'oubliez pas de retirer la feuille de laurier et le clou de girofle, et servez cette sauce avec des pâtes vertes cuites *al dente*. Le parmesan est là aussi de rigueur !

Un conseil : A défaut d'herbes fraîches, vous pouvez utiliser des herbes séchées — parfois même déjà pulvérisées ; en ce cas, diminuez toujours de moitié les proportions indiquées.

Macaroni aux 4 fromages

Le mélange de pâtes et de fromages donne toujours des résultats particulièrement réussis dans la cuisine italienne, et il est fréquent de rencontrer au moins deux sortes de fromage pour une recette ; ainsi, on trouve souvent le couple (très heureux) parmesan-mozzarella.
Dans la recette suivante, ce sont même quatre fromages différents que l'on vous propose. Le résultat est délectable ! Répétons-le encore une fois : en Italie, les pâtes sont servies en entrée ; si telle est votre intention, les proportions que nous vous donnons conviendront alors pour 6 ou 8 personnes.

Il faut, pour 4 personnes :
80 g de provolone
80 g de fontina
80 g de caciocavallo
12,5 cl de lait
500 g de macaroni
60 g de beurre
60 g de parmesan fraîchement râpé
1 cuil. à soupe de persil haché

Temps de préparation : 30 mn.

1. Râpez les trois premières sortes de fromage ou coupez-les en petits dés. Placez-les dans un récipient profond et laissez-les en attente quelques minutes.

2. Faites bouillir le lait dans une casserole et, lorsqu'il est encore chaud, versez-le sur les fromages, remuez et laissez en attente pendant 30 mn.

3. Environ 10 mn avant de passer à table, faites bouillir une grande quantité d'eau salée, plongez-y les macaroni et faites-les cuire *al dente*. Égouttez-les soigneusement dans une grande passoire.

4. Faites chauffer le beurre dans une poêle assez profonde et jetez-y les macaroni ; remuez, ajoutez les fromages ramollis, le parmesan, éventuellement un peu de sel et de poivre, et faites réchauffer le tout sur feu doux jusqu'à ce que les fromages soient complètement fondus.

5. Au dernier moment, parsemez le persil haché.

Variante : Macaroni au gorgonzola

Il faut, pour 4 personnes :
200 g de gorgonzola
12,5 cl de lait
12,5 cl de crème fraîche
1/2 cuil. à café de sel
Poivre fraîchement moulu
1 cuil. à café de paprika fort
400 g de macaroni

Temps de préparation : 20 mn.

1. Otez délicatement la croûte du gorgonzola et coupez le fromage en petits dés. Placez-les dans une casserole et ajoutez le lait.

2. Faites chauffer sur feu doux jusqu'à ce que le fromage soit complètement fondu. Ajoutez alors petit à petit la crème fraîche et remuez jusqu'à ce que vous obteniez une pâte bien crémeuse ; salez, poivrez, ajoutez le paprika et mélangez bien le tout.

3. Faites bouillir une grande quantité d'eau salée et plongez-y les macaroni ; faites-les cuire pendant 10 mn environ et égouttez-les soigneusement.

4. Mêlez-les à la pâte crémeuse avec deux fourchettes et servez sans attendre pendant qu'ils sont encore chauds.

Macaroni à la sicilienne

Cette recette est originaire de Sicile, et plus précisément de la région de Palerme. Nous ne proposons ici que des ingrédients aisément disponibles de nos jours, alors que la recette originale utilisait, par exemple, du fenouil sauvage, que les Siciliens trouvaient sur leur chemin... Nous le remplacerons bien entendu par du fenouil de culture !
Cette sauce aux sardines convient pour toutes les pâtes alimentaires, mais, pour respecter la tradition sicilienne, nous la proposons en accompagnement de macaroni.

Il faut, pour 4 personnes :
300 g de bulbes de fenouil
1/2 cuil. à café de sel
1 oignon
2 filets d'anchois
400 g de sardines fraîches
2 cuil. à soupe d'huile d'olive extra-vierge
1/4 cuil. à café de sel
Poivre fraîchement moulu
1 pincée de safran
25 g de raisins secs
25 g de pignons de pin
400 g de macaroni

Temps de préparation :
1 h 15 mn.

1. Faites bouillir une grande quantité d'eau salée, plongez-y les bulbes de fenouil et faites-les blanchir 20 mn jusqu'à ce qu'ils ramollissent un peu. Égouttez-les (mais gardez l'eau de cuisson), enveloppez-les dans un torchon pour en exprimer toute l'eau puis passez-les au hachoir, grille fine, ou hachez-les à la main avec un couteau-scie.

2. Pelez l'oignon et hachez-le finement.

3. Coupez les filets d'anchois en petits morceaux.

4. Lavez les sardines, retirez-en les écailles, la tête, la queue et l'intérieur, levez-en les filets et coupez-les en morceaux.

5. Faites chauffer l'huile dans une poêle et faites-y revenir l'oignon haché et les morceaux d'anchois ; ajoutez les sardines, le hachis de fenouil, le sel, le poivre, le safran, les raisins secs et les pignons de pin ; laissez cuire doucement pendant 10 mn environ.

6. Pendant ce temps, faites réchauffer l'eau de cuisson des fenouils et plongez-y les macaroni. Lorsqu'ils sont *al dente* (10 mn environ), égouttez-les et placez-les dans un récipient préchauffé ; versez la sauce, remuez bien le tout et servez aussitôt.

Variante : Gratin de macaroni

En utilisant les mêmes ingrédients que pour la recette précédente, on peut réaliser un excellent gratin, également pour 4 personnes. Pour cela, il faut procéder ainsi :

1. Beurrez un moule à gratin et disposez en couches successives les macaroni aux sardines et la sauce, en terminant par une couche de macaroni.

2. Saupoudrez 100 g de caciocavallo râpé et parsemez le dessus de quelques noisettes de beurre.

3. Faites chauffer le four, thermostat 6, et laissez cuire pendant 30 à 35 mn jusqu'à ce que le dessus soit bien doré et croustillant.
Le temps de réalisation de cette recette est de 1 h 45 mn, y compris le temps de cuisson.

Macaroni à la pizzaiola

Cette préparation provient du sud de l'Italie. A Naples, on trouve un plat de viande appelé *bistecca alla pizzaiola* nappé d'une sauce à base de viande en daube, et dont le goût rappelle celui de la pizza. Si on coupe la viande en très fines tranches ou en tout petits cubes, cette sauce devient un accompagnement idéal pour un plat de pâtes.

Il faut, pour 4 personnes :
400 g de macaroni
400 g de viande de bœuf (rumsteck ou faux-filet de préférence)
1 gousse d'ail
1/2 oignon
30 g de câpres
3 cuil. à soupe d'huile d'olive
1 cuil. à café de sel
Poivre fraîchement moulu
1 cuil. à soupe de persil haché
1 cuil. à soupe d'origan haché
1 petite boîte de tomates pelées et épépinées (500 g)
80 g de parmesan fraîchement râpé

Temps de préparation : 50 mn.

1. Faites bouillir une grande quantité d'eau salée, plongez-y les macaroni et faites-les cuire *al dente* (environ 10 mn) ; laissez-les égoutter ; gardez-les au chaud.

2. Coupez la viande en très petites et très fines tranches, puis éventuellement en petites lanières.

3. Pelez l'ail et l'oignon ; hachez-les finement ainsi que les câpres.

4. Faites chauffer l'huile d'olive dans une poêle et faites-y revenir les tranches (ou les lanières) de viande, sur feu vif, jusqu'à ce qu'elles soient dorées de toutes parts. Ajoutez alors le hachis d'ail, d'oignon et de câpres, le sel, le poivre, le persil et l'origan. Remuez bien le tout et baissez le feu.

5. Faites égoutter les tomates sorties de leur boîte et coupez la chair en petits cubes. Ajoutez-les alors au contenu de la poêle et laissez cuire pendant 6 à 8 mn sur feu moyen pour que la sauce réduise un peu.

6. Servez la sauce avec les macaroni à part, ou juste posés au centre, et accompagnez-les du parmesan râpé.

Variante : Macaroni à la pizzaiola et aux champignons

La recette en est exactement la même que la précédente, mais la sauce est enrichie de 250 g de champignons (ou, mieux encore, de girolles) brossés, nettoyés et coupés en fines lamelles que l'on ajoute juste après que la viande est dorée. La suite de la recette est la même et convient également pour 4 personnes en tant que plat principal, pour 6 en entrée.

Variante : Gratin à la pizzaiola

Encore une façon originale d'accommoder les restes… ou même de confectionner une excellente entrée à partir de la recette des macaroni à la pizzaiola. Les ingrédients sont les mêmes ; on y ajoute 200 g de mozzarella et de l'huile d'olive pour graisser le moule à gratin.

1. Enduisez le moule d'huile d'olive en l'étalant avec du papier absorbant.

2. Recouvrez le fond du moule d'environ 1/3 des macaroni bien égouttés ; versez successivement la moitié de la sauce à la pizzaiola, la moitié de la mozzarella coupée en très fines tranches, puis le deuxième tiers des macaroni, le reste de la sauce, le reste de la mozzarella coupée également en très fines tranches ; finissez avec le dernier tiers des macaroni pour recouvrir le gratin.

3. Saupoudrez le dessus de parmesan râpé et arrosez de minces filets d'huile d'olive.

4. Faites gratiner au four, thermostat 6/7, pendant 20 mn environ.

Plumes au safran et au fenouil

Il faut, pour 4 personnes :

250 g de bulbes de fenouil
4 cuil. à soupe d'huile d'olive
1 gros oignon
1/2 gousse d'ail
50 g d'amandes émondées et hachées ou pilées (ou de poudre d'amandes)
50 g de pignons de pin
30 g de raisins de Corinthe
1/4 cuil. à café de sel
Poivre fraîchement moulu
2 à 3 cuil. à soupe de vin blanc
1/4 cuil. à café de safran
400 g de plumes (voir leur forme sur la photo)

Temps de préparation : 50 mn.

1. Nettoyez les bulbes de fenouil et plongez-les dans une grande quantité d'eau salée en ébullition ; faites-les cuire pendant 20 mn environ, jusqu'à ce qu'ils ramollissent. Au bout de ce temps, égouttez-les, laissez-les refroidir et gardez l'eau de cuisson.

2. Pelez l'oignon et l'ail, hachez-les finement. Coupez la chair du fenouil en petits dés.

3. Faites chauffer l'huile d'olive dans une grande poêle et faites-y revenir le hachis d'ail et d'oignon ; laissez blondir puis ajoutez les amandes, les pignons, les raisins de Corinthe, les petits dés de fenouil, le sel, le poivre et enfin le vin blanc. Laissez mijoter le tout pendant quelques minutes sur feu moyen.

4. Mélangez le safran à l'eau de cuisson des fenouils et replacez-la sur le feu ; lorsqu'elle est en ébullition, plongez-y les plumes et laissez-les cuire pendant 12 à 15 mn.

5. Au bout de ce temps, égouttez-les soigneusement puis versez-les dans la poêle contenant la sauce et faites revenir une dernière fois sur feu vif avant de les présenter à table, si possible dans un grand plat préchauffé.

Variante : Macaroni fins aux asperges

Il faut, pour 4 à 6 personnes :

400 g de macaroni fins
400 g de pointes d'asperges (ou, mieux, d'asperges vertes, assez délicates à trouver)
300 g de tomates
6 cuil. à soupe d'huile d'olive
1/2 cuil. à café de sel
Poivre fraîchement moulu
50 g de parmesan fraîchement râpé

Temps de préparation : 50 mn.

1. Faites bouillir une grande quantité d'eau salée et plongez-y les macaroni ; laissez-les cuire pendant 12 mn environ puis laissez-les égoutter dans une grande passoire.

2. Faites blanchir les tomates pendant 1 mn dans de l'eau en ébullition, puis égouttez-les, pelez-les, ouvrez-les en deux et ôtez les pépins qui se trouvent à l'intérieur. Coupez la chair en petits dés.

3. Si vous utilisez des asperges en boîte, égouttez-les. Si vous utilisez des asperges fraîches, pelez-les, effilez-les et coupez-en le bout pour n'en laisser que 3 ou 4 cm. Faites-les cuire 10 mn dans de l'eau en ébullition et égouttez-les.

4. Faites chauffer l'huile d'olive dans une grande casserole, ajoutez les dés de tomates et les asperges, le sel, le poivre et laissez cuire 8 à 10 mn, à découvert.

5. Au bout de ce temps, ajoutez les macaroni à la sauce et montez le feu pour bien réchauffer le tout.

6. Parsemez le parmesan râpé et servez aussitôt.

Variante : Macaroni au chou-fleur

Il faut, pour 4 personnes :

1 chou-fleur
1 petit oignon
2 cuil. à soupe d'huile d'olive
20 g de beurre
Poivre
80 g de pignons de pin
50 g de raisins de Corinthe
400 g de macaroni (ou autres pâtes)

1. Lavez le chou-fleur, coupez-le en bouquets, ôtez le tronc et les parties dures et faites cuire les bouquets dans de l'eau en ébullition (pas plus de 5 mn pour qu'ils restent bien croquants). Égouttez-les dans une passoire et laissez-les en attente.

2. Pelez l'oignon, hachez-le finement et faites-le revenir dans une poêle contenant l'huile d'olive et le beurre ; lorsque l'oignon est blondi, ajoutez-y le chou-fleur puis le poivre, les pignons et les raisins de Corinthe. Laissez dorer le tout pendant 10 mn sur feu moyen.

3. Faites bouillir une grande quantité d'eau salée ; plongez-y les macaroni et laissez cuire 10 à 12 mn. Égouttez-les et recouvrez-les de la sauce au chou-fleur.

Pâtes à la napolitaine

Il faut, pour 4 personnes :
400 g de pâtes
80 g de jambon blanc
2 cuil. à soupe d'huile d'olive
1 petite boîte de tomates pelées et épépinées (500 g)
2 gousses d'ail
1 poivron rouge ou vert
60 g d'olives noires dénoyautées
1 cuil. à soupe de câpres hachées
4 filets d'anchois
2 cuil. à soupe de persil haché
1/2 cuil. à soupe de basilic frais haché
1/2 cuil. à café de sel
1 cuil. à café de sucre
Poivre fraîchement moulu
12,5 cl de vin rouge
80 g de grana padano ou de parmesan fraîchement râpé

Temps de préparation : 45 mn.

1. Faites bouillir une grande quantité d'eau salée, plongez-y les pâtes et faites-les cuire 10 à 12 mn pour qu'elles restent *al dente*. Au bout de ce temps, égouttez-les et laissez-les au chaud.

2. Coupez le jambon en petits dés ; concassez grossièrement les tomates ; lavez le poivron, ouvrez-le en deux, ôtez les pépins et les parties blanches qui se trouvent à l'intérieur et coupez-le en petits dés. Pelez l'ail.

3. Faites chauffer l'huile d'olive dans une poêle et faites-y revenir tout doucement les petits dés de jambon jusqu'à ce qu'ils soient légèrement dorés ; ajoutez alors les tomates concassées et leur jus, les petits dés de poivron, remuez bien ; pressez l'ail au-dessus de la poêle avec l'appareil adéquat, ajoutez les olives et les câpres et laissez mijoter le tout pendant 10 à 12 mn, sur feu doux.

4. Hachez ou concassez grossièrement les filets d'anchois, ajoutez-les à la sauce ainsi que le persil, le basilic, le sel, le sucre, le poivre et enfin le vin rouge. Laissez encore mijoter pendant 5 à 8 mn, à découvert, sur feu moyen.

5. Servez aussitôt avec les pâtes et le fromage râpé servis séparément.

Sauce à la tomate

Il s'agit là d'une recette de base, mais on peut y ajouter à volonté du jambon, des épices ou tout autre ingrédient pour en modifier le goût.

Il faut, pour 4 personnes :
1/2 oignon
1 gousse d'ail
1 kg de tomates bien mûres
Gros sel
5 cuil. à soupe d'huile d'olive
2 cuil. à café de sel
1/2 cuil. à café de poivre fraîchement moulu
1 cuil. à soupe de persil haché

Temps de préparation : 30 mn.

1. Pelez l'ail et l'oignon ; hachez très finement l'oignon.

2. Lavez les tomates, essuyez-les, coupez-les en rondelles et faites-les dégorger avec du gros sel pour éliminer les pépins qui se trouvent à l'intérieur. Passez-les rapidement sous l'eau froide pour ôter le goût du sel et épongez-les sur du papier absorbant.

3. Faites chauffer l'huile d'olive dans une casserole et faites-y blondir l'oignon haché ; pressez l'ail au-dessus de la casserole avec l'appareil adéquat, ajoutez les tomates, le sel, le poivre, le persil et laissez mijoter sur feu très doux jusqu'à ce que les tomates se défassent complètement.

4. Au moment de servir, on peut « passer » la sauce au tamis pour n'en conserver que le jus ou bien alors la passer au mixeur pour qu'elle soit un peu plus épaisse.

Variante : Gratin de pâtes

Avec la sauce de base qui précède, vous pouvez réaliser toutes sortes de recettes dont voici un exemple :

1. Hachez 250 g de bœuf maigre (rumsteck par exemple) au lieu du jambon, grille taille moyenne.

2. Faites revenir la viande hachée dans l'huile puis procédez comme indiqué dans la recette des pâtes à la napolitaine.

3. Faites préchauffer le four, thermostat 6, et beurrez un moule à gratin.

4. Mélangez la sauce et les pâtes et versez le mélange dans le moule, de sorte qu'il soit rempli aux quatre cinquièmes.

5. Parsemez quelques noisettes de beurre et saupoudrez le parmesan râpé.

6. Placez au four et laissez gratiner environ 20 mn.

Macaroni fins à la tomate et aux champignons

Il faut, pour 4 personnes :
400 g de macaroni fins (bucatini)
350 g de champignons (girolles de préférence, à défaut, champignons de Paris)
100 g de beurre
1/2 cuil. à café de sel
Poivre fraîchement moulu
1/2 oignon très finement haché
1 petite boîte de tomates pelées (500 g)
2 cuil. à soupe de persil haché
100 g de grana padano ou de parmesan finement râpé

Temps de préparation : 50 mn.

1. Faites cuire les macaroni dans une grande quantité d'eau salée ; lorsqu'ils sont *al dente*, égouttez-les et laissez-les en attente au chaud (four par exemple).

2. Nettoyez les champignons en évitant, si possible, de les passer sous l'eau ; ôtez leur pied terreux et coupez-les en morceaux ou en lamelles, si ce sont des champignons de Paris.

3. Faites fondre le beurre dans une poêle et faites-y revenir les champignons ; salez-les, poivrez-les, puis, lorsqu'ils sont légèrement ramollis, ajoutez-y l'oignon haché et laissez cuire à découvert pendant 5 mn.

4. Faites égoutter les tomates sorties de leur boîte et coupez la chair en petits dés.

5. Ajoutez les tomates au contenu de la poêle et laissez mijoter le tout pendant 15 mn environ sur feu moyen. Ajoutez alors le persil haché et laissez cuire encore quelques minutes.

6. Versez les macaroni dans un plat préchauffé et servez-les sans attendre, accompagnés de la sauce à la tomate et aux champignons et d'un bol de fromage râpé servi à part.

Macaroni fins aux champignons des bois

Il faut, pour 4 personnes :
400 g de macaroni fins (bucatini)
400 g de champignons des bois (genre « mélange forestier » : girolles, cèpes, trompettes de la mort, etc.)
4 cuil. à soupe d'huile d'olive
1 gousse d'ail
1/2 l de bouillon de volaille
1/2 cuil. à café de sel
Poivre fraîchement moulu
1 cuil. à soupe de persil haché

Temps de préparation : 45 mn.

1. Faites cuire les macaroni dans une grande quantité d'eau salée ; lorsqu'ils sont *al dente*, égouttez-les et laissez-les en attente au chaud (four par exemple).

2. Nettoyez les champignons en évitant, si possible, de les passer sous l'eau, ôtez leur pied terreux et coupez-les en morceaux, si ce sont des cèpes.

3. Pelez l'ail et hachez-le finement.

4. Faites chauffer l'huile dans une poêle et faites-y revenir l'ail puis les champignons ; ils doivent ramollir tout doucement, à très petit feu.

5. Au bout de 5 mn environ, versez le bouillon de volaille. Salez, poivrez puis laissez évaporer légèrement le liquide. Ajoutez alors le persil haché et laissez de nouveau cuire quelques minutes à découvert.

6. Au moment de servir, mélangez les macaroni et la sauce aux champignons et portez le plat immédiatement à table.

Variante : Gratin de pâtes au jambon

La recette est pratiquement la même que celle des macaroni à la tomate et aux champignons mais, pour en changer légèrement le goût et l'enrichir à la fois, nous proposons d'y ajouter 200 g de jambon cru coupé en petits dés. Procédez alors ainsi :

1. Préparez les pâtes et la sauce comme indiqué dans la recette des « macaroni à la tomate et aux champignons » ; mélangez le tout et versez dans un grand moule à gratin que vous aurez au préalable copieusement beurré.

2. Ajoutez sur le dessus les dés de jambon et parsemez quelques noisettes de beurre ; saupoudrez le grana padano (ou le parmesan) râpé et le persil haché puis placez au four, thermostat 6.

3. Lorsque le gratin est bien doré (après 30 mn environ), sortez le plat du four et servez aussitôt. La réalisation de ce gratin demande environ 45 mn.

Lasagne au jambon

Cette recette appréciée de tous, petits et grands, sera particulièrement réussie si vous cuisez les feuilles de lasagne dans un bouillon de viande ou de volaille à la place de l'eau.
La qualité du jambon est également très importante : selon que vous choisirez du jambon cru de montagne, fumé ou non, ou encore du jambon de Paris, le goût en sera très notablement transformé, mais notre préférence va au jambon cru, séché à l'air libre et non fumé.

Il faut, pour 4 personnes :

200 g de feuilles de lasagne
2 l de bouillon de volaille (ou de viande)
40 g de beurre mou
150 g de jambon de montagne
150 g de mozzarella - 4 œufs
100 g de parmesan ou de grana padano fraîchement râpé
12,5 cl de bouillon de volaille
1/2 cuil. à café de sel
Poivre fraîchement moulu
3 cuil. à soupe de chapelure
50 g de beurre

Temps de préparation :
1 h (à condition d'avoir des feuilles de lasagne déjà prêtes, à défaut, il faut ajouter leur temps de préparation).

1. Faites réchauffer les 2 litres de bouillon de volaille (ou de viande) et plongez-y les lasagne ; laissez-les cuire pendant 10 à 12 mn de sorte qu'elles ne soient pas trop molles (de même que les pâtes, elles doivent être *al dente*) ; égouttez-les et gardez-les au chaud.

2. Beurrez largement un grand plat allant au four et préchauffez le four, thermostat 6.

3. Coupez le jambon et la mozzarella en petits dés ; battez les œufs et le fromage râpé dans une terrine, ajoutez-y les dés de jambon et de mozzarella, versez le reste de bouillon de volaille, salez, poivrez et battez bien le tout.

4. Recouvrez le fond du plat d'une couche de lasagne puis couvrez d'une couche de la préparation aux œufs, puis de nouveau une couche de lasagne et une couche de préparation aux œufs, jusqu'à la fin des ingrédients ; répartissez équitablement la chapelure et parsemez de noisettes de beurre.

5. Placez le plat dans le four et laissez cuire environ 30 à 35 mn ; le dessus doit être bien doré et l'intérieur bien moelleux.

6. Servez immédiatement alors que le plat est encore bouillant.

Omelettes aux macaroni

C'est l'exemple type de l'utilisation que l'on peut faire d'un reste de pâtes ; toutes les variétés permettent la réalisation de cette recette mais c'est en raison de leur consistance croustillante et moelleuse à la fois que nous avons choisi, ici, des macaroni.

Il faut, pour 4 personnes :

500 g de macaroni déjà cuits et refroidis
4 œufs
180 g de grana padano (ou de parmesan) fraîchement râpé
1/2 cuil. à café de sel
Poivre fraîchement moulu
1 cuil. à soupe de persil haché
120 g de beurre

Temps de préparation : 50 mn.

1. Coupez les macaroni en tronçons de 5 à 6 cm de longueur.

2. Battez les œufs et le fromage râpé dans une terrine, ajoutez le sel, le poivre et le persil haché ; mélangez bien le tout.

3. Faites fondre la moitié du beurre dans une grande poêle (de 20 à 24 cm de diamètre) et faites-y revenir la moitié des macaroni ; ajoutez alors la moitié de la préparation aux œufs, mélangez bien et laissez cuire sur feu très doux jusqu'à ce que l'omelette soit bien prise. De temps à autre, vérifiez à l'aide d'un couteau à bout rond que le fond de l'omelette ne brûle pas.

4. Retournez l'omelette sur une assiette et faites cuire la deuxième face de la même manière que la première en ajoutant un peu de beurre dans la poêle au moment où elle cuira. Laissez ainsi prendre couleur, toujours sur feu doux. Lorsque les deux faces sont bien dorées et croustillantes, faites glisser l'omelette sur un grand plat : laissez au chaud.

5. Préparez la deuxième omelette en procédant exactement de la même façon que pour la première, et portez à table les deux omelettes toutes chaudes et croustillantes, coupées en deux.

Bianco

Lasagne vertes à la sauce bolognaise

Cette spécialité particulièrement raffinée fera très bon effet sur une table de fête ; seul problème : le temps de préparation. Mais la joie des invités sera à la mesure de l'effort que vous aurez fourni.

Il faut, pour 4 personnes :
Pour la pâte à lasagne :
150 g d'épinards
300 g de farine
3 œufs
1/2 cuil. à café de sel
2 cuil. à soupe d'huile
Un peu de farine pour l'abaissement (le déroulement) des feuilles
Pour la garniture :
60 g de céleri-rave
60 g de carottes
60 g d'oignons
60 g de jambon cru ou de lard maigre, fumé ou non
500 g de bœuf maigre haché acheté le jour même de la préparation
1 cuil. à café de sel
1/2 l de bouillon de volaille (ou de viande)
1 grande boîte de tomates pelées (environ 850 g)
Poivre fraîchement moulu
1 cuil. à soupe de persil haché
Pour la sauce béchamel :
30 g de beurre
2 cuil. à soupe de farine
1/2 l de lait
1/2 cuil. à café de sel
Poivre fraîchement moulu
1 pincée de noix muscade râpée
80 g de parmesan fraîchement râpé

Temps de préparation : 1 h 45 mn.

1. Lavez les épinards dans une grande quantité d'eau fraîche ; coupez les tiges et faites égoutter les feuilles.

2. Faites bouillir une grande quantité d'eau salée et plongez-y les épinards ; laissez cuire pendant 5 mn puis faites égoutter les épinards dans une passoire en les pressant avec le fond d'une cuillère à soupe.

3. Placez tous les éléments composant la pâte à lasagne, y compris les épinards, sur un grand plan de travail, mélangez le tout et préparez la pâte comme il est indiqué p. 40. Ajoutez selon la consistance de la pâte, de la farine ou de l'eau ; formez une boule, enveloppez-la d'un linge propre et laissez reposer 1 heure au frais.

4. Au tout de ce temps, la pâte doit être ferme mais non dure ; au besoin, laissez-la se ramollir quelque temps à température ambiante ; coupez-la en deux, puis en gros tronçons ; abaissez-la à l'aide d'un rouleau à pâtisserie ou de la machine à pâtes comme indiqué p. 42 ; la taille des feuilles de lasagne doit correspondre à celle du plat qui les contiendra.

5. Faites bouillir une grande quantité d'eau salée et plongez-y successivement les feuilles de pâte : attention, elles ne doivent pas se casser mais elles sont très fragiles. Laissez-les cuire *al dente* (10 mn) puis faites-les égoutter dans une passoire.

6. Préparez la sauce bolognaise : épluchez le céleri et les carottes, pelez les oignons et hachez le tout très finement.

7. Coupez le jambon ou le lard en petits dés et faites-les revenir dans une casserole sur feu doux ; ajoutez la viande hachée puis le hachis de légumes, le sel, le poivre, le persil, et mélangez bien.

8. Versez le bouillon de volaille et laissez mijoter pendant 20 mn sur feu moyen, à découvert.

9. Ouvrez la boîte de tomates, versez tout son contenu dans la sauce puis laissez de nouveau mijoter pendant 1 heure environ ; le liquide, au bout de ce temps, devrait être évaporé.

10. Pendant la cuisson de la garniture, préparez la sauce béchamel : faites fondre le beurre dans une casserole, jetez-y la farine et, à l'aide d'une spatule en bois, mélangez bien le tout en le laissant cuire sur feu très doux pendant 1 à 2 mn. Ajoutez alors le lait par minces filets et battez le mélange à l'aide d'un fouet jusqu'à ce que la consistance soit bien crémeuse et onctueuse. Salez, poivrez, râpez la noix muscade et portez à ébullition en ne cessant pas de remuer. Laissez mijoter pendant 20 mn après l'ébullition.

11. Préchauffez le four, thermostat 6.

12. Recouvrez le fond d'un plat allant au four d'une couche de sauce bolognaise, puis de feuilles de lasagne ; versez ensuite une couche de béchamel et renouvelez l'opération jusqu'à ce qu'il n'y ait plus d'ingrédients.

13. Parsemez le parmesan râpé, quelques noisettes de beurre (facultatif), et placez le plat au four ; laissez cuire pendant 20 mn.

Cannelloni

La préparation des cannelloni est proche de celle des lasagne ; en effet ils sont, tout comme celles-ci, également constitués de feuilles de pâte mais leur présentation est différente puisqu'on les enroule sur leur garniture pour former des rouleaux de 9 cm de longueur environ au lieu de les étaler horizontalement, comme pour les lasagne. Le temps de préparation de ces feuilles de pâte peut être un élément dissuasif lorsque l'on est pressé... sachez alors qu'il existe dans le commerce des feuilles toutes prêtes, en boîte, qu'il suffit de plonger dans l'eau bouillante pendant quelques minutes pour les faire cuire.

Il faut pour 4 personnes :
20 cannelloni déjà prêts ou « faits maison »
Pour la garniture :
2 cuil. à soupe d'huile
1/2 oignon finement haché
1 gousse d'ail pelée
100 g de foies de volaille
300 g de bœuf maigre haché (grosse grille) acheté le jour même
250 g d'épinards frais
30 g de beurre
1/2 cuil. à café d'origan
1/2 cuil. à café de basilic séché et pulvérisé
2 œufs
30 g de vieux pecorino (fromage de brebis piquant) fraîchement râpé
1 cuil. à café de sel
Poivre fraîchement moulu
Pour la sauce béchamel :
2 cuil. à soupe de beurre
2 cuil. à soupe de farine
1 tasse de lait
1/2 cuil. à café de sel
Poivre fraîchement moulu
Pour la sauce à la tomate :
2 cuil. à soupe d'huile d'olive
100 g d'oignons finement hachés
1/2 gousse d'ail pelée et hachée
1 petite boîte de tomates pelées (500 g)
1/2 cuil. à café de sucre
1/2 cuil. à café de sel - Poivre
Quelques feuilles de basilic frais
2 cuil. à soupe de parmesan
2 cuil. à soupe de beurre

Temps de préparation : 1 h 30 mn, si vous disposez de cannelloni tout prêts ; à défaut, il faut ajouter leur temps de préparation.

1. Plongez les cannelloni dans une grande quantité d'eau salée en ébullition et laissez-les cuire pendant 5 à 10 mn ; lorsqu'ils sont *al dente*, faites-les égoutter et étalez-les délicatement sur un plan de travail.

2. Faites chauffer l'huile dans une grande poêle et faites-y revenir l'oignon haché et l'ail coupé en lamelles.

3. Coupez les foies de volaille en morceaux puis en dés et ajoutez-les au contenu de la poêle ; lorsqu'ils sont légèrement dorés, ajoutez la viande de bœuf hachée et laissez de nouveau cuire, sur feu moyen, en remuant sans cesse pendant 5 à 6 mn jusqu'à ce que la viande soit bien grillée. Versez alors le mélange dans un grand récipient et laissez en attente.

4. Lavez les épinards à grande eau ; retirez les tiges et égouttez les feuilles sur une passoire. Faites bouillir une grande quantité d'eau salée, plongez-y les feuilles d'épinards et faites-les « blanchir » pendant 1 à 2 mn. Faites-les égoutter, pressez-les et coupez-les grossièrement.

5. Faites fondre le beurre dans la poêle où la viande a cuit, faites-y revenir les épinards sur feu vif, ajoutez le sel, le poivre, l'origan et le basilic, en remuant sans cesse pendant 4 à 5 mn.

6. Versez les épinards dans le récipient où se trouve la viande, remuez bien le tout, ajoutez les œufs et le fromage, battez légèrement.

7. Posez quelques cuillerées à soupe de ce mélange sur chaque cannelloni, enroulez-les sur eux-mêmes et formez des boudins.

8. Préparez la sauce béchamel comme indiqué p. 70, au n° 10.

9. Préparez la sauce à la tomate : faites chauffer l'huile d'olive dans une casserole et faites-y revenir les oignons et l'ail hachés, ajoutez le contenu de la boîte de tomates, salez, poivrez, sucrez et parsemez le basilic haché. Laissez mijoter 30 à 40 mn, à découvert.

10. Préchauffez le four, thermostat 6 ; recouvrez le fond d'un plat allant au four de la moitié de la sauce à la tomate, rangez-y une couche de cannelloni, recouvrez de la moitié de la sauce béchamel, puis de nouveau une couche de cannelloni, une couche de sauce à la tomate et le reste de la sauce béchamel. Parsemez de noisettes de beurre et de parmesan râpé.

11. Placez le plat dans le four et laissez gratiner pendant 20 mn.

CONTRASSEGNO IVA
CAT. A
CLASSE 2
0,750 LITRI

Cannelloni aux champignons

Il faut, pour 4 à 6 personnes :
Pour la pâte :
300 g de farine
3 œufs
1 cuil. à café de sel
3 cuil. à soupe d'huile d'olive
Pour la farce :
1 oignon
1 carotte
1 branche de céleri
4 cuil. à soupe d'huile
250 g de champignons
300 g de bœuf haché le jour même
200 g de jambon de Paris
1 cuil. à café de sel
Poivre fraîchement moulu
1 cuil. à soupe de persil haché
1 cuil. à café d'origan en poudre
1/4 l de bouillon de viande ou de volaille
1 œuf
30 g de beurre
1 petit pot de crème fraîche (125 g)
100 g d'asiago (voir p. 92) de comté ou, mieux, d'appenzell fraîchement râpé
60 g de beurre

Temps de préparation : 1 h 30 mn.

1. Préparez la pâte à cannelloni comme indiqué p. 41 et formez une boule de pâte que vous laisserez reposer pendant 1 heure au réfrigérateur ou dans un endroit frais.

2. Au bout de ce temps, coupez la boule en grosses tranches et étalez-les le plus finement possible (environ 5 mm) au rouleau à pâtisserie ; coupez en carrés de 9 cm de côté, laissez sécher pendant 5 mn.

3. Portez une grande quantité d'eau salée à ébullition et plongez-y les feuilles de cannelloni ; laissez-les cuire 1 ou 2 mn selon l'épaisseur et faites-les égoutter immédiatement.

4. Pelez les légumes de la farce : oignon, carotte, céleri ; hachez l'oignon et coupez la carotte et le céleri en rondelles. Nettoyez les champignons, ôtez leur bout terreux, passez-les éventuellement sous l'eau et, dans ce cas, séchez-les avec du papier absorbant.

5. Faites chauffer 2 cuil. à soupe d'huile dans une poêle et faites-y revenir l'oignon haché et les rondelles de carotte et de céleri. Ajoutez alors les champignons coupés en lamelles et laissez prendre couleur pendant 2 à 3 mn.

6. Versez le reste d'huile dans une casserole ou dans une deuxième poêle et faites revenir la viande hachée sur feu vif en grattant le fond avec une cuillère en bois et en séparant la viande pour qu'elle forme de petits tas ; lorsqu'elle est légèrement grillée, versez-la sur les légumes et mélangez bien.

7. Hachez le jambon avec la grille moyenne et ajoutez-le également aux légumes ; salez, poivrez, parsemez les herbes et recouvrez avec le bouillon ; laissez mijoter sur feu doux pendant 30 mn environ.

8. Au bout de ce temps, retirez la poêle du feu et, après quelques minutes, battez l'œuf dans la sauce ; laissez refroidir ou au moins tiédir.

9. Beurrez un plat allant au four et préchauffez le four, thermostat 6.

10. Emplissez les cannelloni de la farce et enroulez-les sur eux-mêmes, rangez-les au fur et à mesure dans le plat en les serrant les uns contre les autres. Recouvrez avec la crème fraîche bien battue et le fromage râpé ; parsemez quelques noisettes de beurre et placez au four ; laissez cuire pendant 15 à 20 mn et sortez le plat lorsque le dessus est bien gratiné.

Gratin de macaroni aux aubergines

Ce plat originaire du sud de l'Italie peut être préparé à partir de toutes sortes d'aliments ; seuls les macaroni et les aubergines sont indispensables.

Il faut, pour 4 personnes :

1 kg d'aubergines
12,5 cl d'huile d'olive
1/2 cuil. à café de sel
Poivre fraîchement moulu
1 gousse d'ail
2 cuil. à soupe d'huile
1 petite boîte de tomates pelées (500 g)
200 g de jambon blanc
100 g de pecorino (ou de parmesan)
200 g de blanc de volaille cuit (poulet, dinde, poule, canard, etc.)
150 g de petits pois, frais de préférence
300 g de macaroni
1/2 cuil. à café de sel
2 cuil. à soupe de persil haché
1 cuil. à soupe de basilic haché
50 g de pecorino râpé

Temps de préparation : 30 mn.
Temps de cuisson : 20 à 25 mn.

1. Lavez les aubergines et coupez-en les extrémités ; coupez-les en rondelles de 0,5 cm d'épaisseur et rangez-les dans un grand récipient ; recouvrez d'huile d'olive, salez, poivrez, pelez l'ail et pressez-en le jus au-dessus avec l'appareil adéquat ; posez un couvercle et laissez ainsi reposer pendant 30 mn environ.

2. Faites chauffer l'huile dans une poêle ; faites égoutter le contenu de la boîte de tomates et versez les tomates entières dans l'huile en les concassant légèrement avec une cuillère en bois ; laissez cuire à petit feu pendant 15 mn.

3. Coupez le jambon, le fromage et le blanc de volaille en petits dés ; mélangez à la sauce des tomates, ajoutez les petits pois et retirez la poêle du feu.

4. Portez à ébullition une grande quantité d'eau salée et plongez-y les macaroni ; laissez-les cuire pendant 10 mn puis égouttez-les et arrosez-les d'eau fraîche pour qu'ils refroidissent plus vite.

5. Lorsqu'ils sont presque froids, ajoutez-les dans la poêle contenant la sauce, remuez bien, salez, poivrez, parsemez les herbes et laissez en attente.

6. Préchauffez le four, thermostat 6.

7. Recouvrez le fond d'un plat allant au four d'une couche d'aubergines puis versez, en l'étalant bien, toute la sauce contenant les macaroni ; reformez une couche d'aubergines et parsemez le fromage râpé.

8. Placez au four et laissez gratiner pendant 20 à 25 mn jusqu'à ce que le dessus soit bien doré.

Variante : Gratin de macaroni à la viande hachée

La préparation est la même que pour la recette précédente, à cette différence que l'on utilise 400 g de viandes hachées (bœuf, veau, porc) à la place du jambon et de la volaille.

Faites chauffer l'huile dans une poêle et faites-y revenir les viandes hachées sur feu vif, en remuant sans cesse pour qu'elles n'attachent pas mais qu'elles prennent couleur ; ajoutez alors les tomates et laissez mijoter pendant 15 mn en baissant le feu ; ajoutez le fromage et continuez la préparation comme indiqué dans la recette précédente.

Ravioli à la farce d'agneau

Il faut, pour 4 personnes :
Pour la pâte :
300 g de farine
1 cuil. à café de sel
3 œufs
2 cuil. à soupe d'huile d'olive
Pour la farce :
300 g d'agneau maigre (épaule ou selle)
3 cuil. à soupe d'huile d'olive
1/2 gousse d'ail
1 oignon
12,5 cl de bouillon de viande ou de volaille
1/2 cuil. à café de sel
Poivre fraîchement moulu
1 pincée de noix muscade
4 à 6 feuilles de sauge hachées
1/2 cuil. à café de romarin
1/2 cuil. à café de thym
1 cuil. à soupe de persil haché
Un peu de farine pour le déroulement de la pâte
1 blanc d'œuf
80 g de beurre
80 g de parmesan fraîchement râpé

Temps de préparation : 2 h.

1. Préparez la pâte à ravioli comme indiqué p. 41 et formez une boule que vous laisserez reposer 1 heure au réfrigérateur ou dans un endroit frais.

2. Pendant ce temps, préparez la farce : dégraissez s'il y a lieu la viande d'agneau et passez-la au hachoir, grille moyenne ou fine.

3. Pelez l'ail et l'oignon et hachez-les très finement.

4. Faites chauffer l'huile dans une poêle et faites-y revenir l'ail et l'oignon ; lorsqu'ils sont translucides, ajoutez la viande d'agneau et faites dorer sur feu vif en remuant sans cesse pour qu'elle n'attache pas ; au bout de 5 mn environ, baissez le feu et versez le bouillon. Salez, poivrez, parsemez toutes les herbes et la noix de muscade râpée, mélangez bien le tout et laissez mijoter sur feu moyen pendant 20 mn environ. Si nécessaire, ajoutez un peu de bouillon pour que la viande n'attache pas, mais il faut que la farce ne soit pas trop molle. Laissez refroidir et, pendant ce temps, préparez les ravioli.

5. Coupez la pâte en quatre parts égales ; avec deux des parts, formez deux carrés de 32 cm de côté à l'aide d'un rouleau à pâtisserie sur un plan de travail fariné ; replacez les deux autres parts dans le réfrigérateur pour que la pâte ne se dessèche pas.
Battez le blanc d'œuf et sortez un pinceau. A l'aide d'une roulette dentelée, marquez des carrés de 4 cm de côté sur chaque feuille de pâte, puis posez des petits tas de farce au centre de chaque carré, passez un peu de blanc d'œuf avec le pinceau sur les interstices et recouvrez de la deuxième feuille de pâte en faisant coïncider les petits carrés et en appuyant sur les interstices avec une règle en bois pour faire se souder les deux pâtes. Au cas où des bulles d'air se formeraient, utilisez une aiguille à coudre pour les crever. Lorsque vous êtes sûr(e) que les deux pâtes sont bien collées, découpez les petits carrés avec la roulette dentelée ou, à défaut, au couteau.

6. Portez à ébullition une grande quantité d'eau salée et plongez-y les ravioli ; laissez cuire pendant 10 à 12 mn et laissez-les égoutter.

7. Sortez la deuxième partie de la pâte du réfrigérateur et procédez de la même façon que pour la première.

8. Lorsque tous les ravioli sont cuits et égouttés, faites fondre le beurre dans une casserole et versez-y les ravioli ; laissez ainsi quelques minutes puis ajoutez le parmesan et servez aussitôt, accompagné d'une salade verte.

Variante : Ravioli à la ricotta

Il s'agit, en fait, de la même recette que la précédente mais on utilise de la ricotta (ou du fromage blanc égoutté, ou encore de la brousse) à la place de la viande d'agneau. Salez et poivrez copieusement, ajoutez un œuf entier et complétez la farce avec toutes sortes d'herbes, sauvages de préférence, mais cela n'est pas toujours évident. Essayez avec de l'ortie, c'est également très bon et facile à trouver !

Tortellini à la viande

Il faut, pour 4 personnes :
Pour la pâte :
300 g de farine
1 cuil. à café de sel
3 œufs
2 cuil. à soupe d'huile d'olive
Pour la farce :
200 g de porc maigre (échine ou palette)
250 g d'épinards
200 g de ricotta ou de brousse
100 g de parmesan fraîchement râpé
1 œuf
1/2 cuil. à café de sel
Poivre fraîchement moulu
1 pincée de noix muscade fraîchement râpée
1 gousse d'ail pelée
1 blanc d'œuf

Temps de préparation : 2 h.
Temps de repos : 2 à 3 h.

1. Préparez la pâte comme indiqué p. 41 et formez une boule que vous laisserez reposer 1 heure au réfrigérateur ou dans un endroit frais.

2. Préparez la farce : coupez la viande en morceaux et passez-la au hachoir, grille fine, deux fois de suite.

3. Lavez les épinards à grande eau, ôtez les tiges dures et ébouillantez les feuilles pendant 2 à 3 mn. Égouttez-les, pressez-les pour en extraire le maximum de liquide et hachez-les grossièrement.

4. Mélangez longuement dans un grand récipient la viande de porc, les épinards hachés, la ricotta ou la brousse, le parmesan, l'œuf, le sel, le poivre, la pincée de muscade et l'ail haché très finement ou, mieux, le jus de l'ail pressé avec l'appareil adéquat. Lorsque la farce est bien homogène, laissez-la en attente.

5. Préparez alors les tortellini : étalez la pâte aussi finement que possible sur un plan de travail fariné, laissez-la reposer quelques minutes et coupez-la en carrés de 5 à 6 cm de côté. Posez sur chaque carré une cuillerée de farce au centre ; refermez les carrés en superposant les deux pointes opposées pour former des triangles. Pour cela, passez un peu de blanc d'œuf avec un pinceau sur les deux côtés extérieurs avant de les replier sur eux-mêmes, et soudez-les en appuyant fortement sur les bords. Enroulez les triangles un à un sur votre index en laissant la pointe centrale à l'extérieur et dirigée vers le haut ; superposez les deux pointes latérales et collez-les en pressant fortement : vous obtenez des anneaux. Laissez sécher pendant 2 heures sur une planche en bois.

6. Au bout de ce temps, portez une grande quantité d'eau salée à ébullition et plongez-y les tortellini ; laissez-les cuire à petit bouillon pendant 10 mn et égouttez-les soigneusement.

7. Préparez une sauce tomate comme il est indiqué p. 64 et servez les tortellini recouverts de la sauce et de parmesan râpé.

Tortellini aux deux fromages

Variante de la précédente, la farce de cette recette, originaire d'Émilie, est quelque peu différente. L'association de la ricotta et de l'ail est particulièrement réussie.

Il faut, pour 4 personnes :
Pour la pâte :
Voir recette précédente
Pour la farce :
250 g de ricotta
50 g de parmesan fraîchement râpé
1 gousse d'ail pelée et hachée
1/2 cuil. à soupe de basilic frais haché
1 œuf
1/2 cuil. à café de sel
Poivre fraîchement moulu

Temps de préparation : 2 h.
Temps de repos : 2 à 3 h.

1. Préparez les tortellini comme indiqué dans la recette précédente.

2. Préparez la farce : écrasez à la fourchette la ricotta et réduisez-la en pommade, au mortier éventuellement ; ajoutez ensuite tous les autres ingrédients de la farce et formez une masse compacte.

3. Emplissez chaque tortellini d'une cuillerée de cette farce et faites-les cuire comme précédemment indiqué.

4. Servez-les, accompagnés simplement de beurre fondu ou encore de beurre noisette où vous aurez fait blondir 2 cuil. à soupe de chapelure.

Cappelletti « al verde »

Il s'agit de petits chapeaux pointus, que l'on prépare un peu comme des tortellini.

Il faut, pour 4 à 6 personnes :
Pour la pâte :
300 g de farine
1 cuil. à café de sel
3 œufs
2 cuil. à soupe d'huile d'olive
Pour la farce :
750 g de bettes ou 500 g d'épinards
50 g de lard maigre
200 g de beurre
1 cuil. à café de sel
200 g de ricotta (ou de brousse)
1 œuf
Poivre fraîchement moulu
1 pincée de noix muscade
150 g de parmesan fraîchement râpé
1 blanc d'œuf
Quelques cuillerées à soupe de parmesan

Temps de préparation : 2 h 30 mn.
Temps de repos : 1 h.

1. Préparez la pâte comme indiqué p. 41 et formez une boule que vous laisserez reposer 1 heure au réfrigérateur.

2. Pendant ce temps, préparez la farce : lavez les bettes ou les épinards à grande eau, retirez les tiges dures, et plongez les feuilles dans de l'eau salée en ébullition ; laissez blanchir pendant 5 à 8 mn ; égouttez-les soigneusement, pressez-les pour en extraire le maximum de liquide, hachez-les finement et laissez-les en attente.

3. Coupez le lard en petits dés ; faites-les dorer dans une poêle sur feu moyen puis ajoutez 50 g de beurre, laissez-le fondre et faites-y revenir les bettes ou les épinards.

4. Retirez la poêle du feu et versez son contenu dans un grand saladier ; mélangez longuement avec le sel et la ricotta puis ajoutez enfin l'œuf, le poivre, la pincée de noix muscade et le parmesan. Laissez en attente.

5. Préparez les cappelletti : à l'aide d'un rouleau à pâtisserie, étalez la pâte le plus finement possible sur un plan de travail fariné, coupez-la en carrés de 5 à 6 cm de côté. Posez sur chaque carré, au centre, 1 cuil. à soupe de farce en prenant soin de ne pas en verser sur les bords extérieurs, qui doivent être absolument propres. Pour faciliter la soudure, passez un peu de blanc d'œuf battu au pinceau sur les 4 côtés extérieurs et refermez les carrés pour former des triangles en décalant légèrement les sommets pour laisser apparaître deux pointes (voir photo page de droite). Appuyez fortement sur les côtés pour bien les coller ensemble et afin que la farce ne s'échappe pas à la cuisson. Procédez de même avec les deux angles extérieurs en passant dessus un peu de blanc d'œuf puis en les écrasant l'un contre l'autre entre le pouce et l'index pour qu'ils adhèrent bien l'un à l'autre.

6. Faites bouillir une grande quantité d'eau salée et plongez-y les cappelletti ; laissez-les cuire pendant 10 à 15 mn et faites-les égoutter soigneusement.

7. Faites fondre le reste de beurre dans une casserole ; arrosez-en les cappelletti et parsemez de parmesan râpé avant de porter à table.

Variante : Cappelletti piquants

Les ingrédients et la préparation de la pâte sont les mêmes que pour la recette précédente. Seule la farce est différente.

Il faut, pour 4 personnes :
300 g de ricotta (ou de brousse)
2 œufs
1/2 cuil. à café de sel
Poivre fraîchement moulu
1 cuil. à café de paprika fort
150 g de salami pelé et coupé en tranches très fines
1 petit poivron rouge
1/2 oignon
1 gousse d'ail

Temps de préparation : 2 h.
Temps de repos : 1 h.

1. Préparez la pâte comme indiqué p. 41.

2. Préparez la farce : concassez grossièrement la ricotta à la fourchette et mélangez-la dans un saladier avec les œufs, le sel, le poivre et le paprika en malaxant bien le tout pour former une pommade.

3. Lavez le poivron, ouvrez-le en deux et ôtez les pépins et la partie blanche. Coupez-le en morceaux et hachez-le finement ; faites de même avec le salami. Pelez l'oignon, hachez-le également et ajoutez ces trois hachis au contenu du saladier. Pelez l'ail et pressez-en le jus. Mélangez bien le tout.

4. Procédez ensuite de la même façon que pour la recette précédente.

Salade de nouilles

Mets idéal pour les chaudes journées d'été, cette salade permet de rassasier les plus affamés, tout en restant légère et rafraîchissante. Les ingrédients qui la composent peuvent être très divers. A votre imagination et à vos goûts personnels de jouer. Attention cependant à choisir des aliments dont les couleurs se marient bien et dont les goûts se complètent parfaitement !
Les exemples que nous donnons ici ne sont donc que des suggestions.

Il faut, pour 4 personnes :

300 g de pâtes (la photo ci-contre montre des torsades, ou hélices)
6 cuil. à soupe d'huile d'olive
4 cuil. à soupe de bon vinaigre de vin
Le jus de 1/2 citron
3 cuil. à soupe de vin blanc
1 gousse d'ail
1/2 cuil. à café de sel
Poivre fraîchement moulu
2 cuil. à soupe d'herbes fraîches finement hachées (persil, cerfeuil, estragon)
1 échalote
4 petits oignons blancs
150 g de carottes primeurs
1 poivron rouge
200 g de petits pois frais ou surgelés
250 g de mortadelle

Temps de préparation : 45 mn.
Temps de repos : 30 mn.

1. Portez à ébullition une grande quantité d'eau salée, plongez-y les pâtes et laissez-les cuire, selon leur variété, de 8 à 12 mn. Lorsqu'elles sont *al dente*, égouttez-les soigneusement et laissez-les refroidir.

2. Mélangez dans un grand saladier l'huile, le vinaigre, le jus de citron et le vin blanc. Pelez l'ail et pressez-en le jus au-dessus du saladier, ajoutez le sel, le poivre, les herbes fraîches. Pelez l'échalote et hachez-la très finement ; ajoutez-la au contenu du saladier.

3. Pelez les carottes, lavez-les et plongez-les dans de l'eau salée en ébullition pour les ramollir un peu. Égouttez-les et coupez-les en petites rondelles. Pelez si nécessaire les petits oignons blancs et coupez-les en 8 ou 12 quartiers. Lavez le poivron, ouvrez-le en deux, ôtez les pépins et la partie blanche qui se trouvent à l'intérieur et coupez-le en lanières.

4. Ajoutez tous ces légumes à la sauce de la salade, puis les petits pois, et mélangez bien le tout pour que la sauce s'imprègne aux légumes.

5. Coupez la mortadelle en petits morceaux, éventuellement en petits dés si la tranche est épaisse, versez les dés dans le saladier, ajoutez enfin les pâtes, remuez longuement et placez au réfrigérateur pendant 30 mn. La salade doit être servie très fraîche.

Variante : Salade de nouilles au fromage

Il faut, pour 4 personnes :

300 g de pâtes (penne, rigatoni, par exemple)
2 cuil. à soupe d'huile d'olive
Le jus de 1 citron
2 cuil. à soupe de crème fraîche
1/2 cuil. à café de sel
Poivre fraîchement moulu
1 cuil. à soupe de ciboulette hachée
1 cuil. à soupe de persil haché
2 petits oignons blancs avec leur tige
150 g de salami
250 g d'asiago ou de tilsitt
1 poivron rouge

Temps de préparation : 45 mn.
Temps de repos : 30 mn.

1. Portez à ébullition une grande quantité d'eau salée, plongez-y les pâtes et laissez-les cuire, selon leur variété, de 8 à 12 mn. Lorsqu'elles sont *al dente*, égouttez-les et passez-les rapidement sous l'eau froide. Égouttez-les de nouveau et laissez-les refroidir.

2. Mélangez dans un grand saladier l'huile d'olive, le jus de citron et la crème fraîche ; ajoutez le sel, le poivre, les herbes hachées et remuez le tout.

3. Pelez si nécessaire les oignons et coupez-les en 8 quartiers ; coupez les tiges en tronçons ; coupez également le salami en petits morceaux ou en cubes si les tranches sont épaisses. Retirez la croûte du fromage et coupez-le en fines lamelles. Lavez le poivron, ouvrez-le en deux, ôtez les pépins et la partie blanche qui se trouvent à l'intérieur et coupez-le en lanières ou en cubes.

4. Placez tous ces légumes dans le saladier, remuez longuement pour bien mêler tous les goûts ; au besoin, ajoutez un peu de curry ou de paprika fort pour corser la saveur, et mettez au frais 30 mn : la salade doit être servie froide mais non glacée.

Salade de nouilles à la tomate

Il faut, pour 4 à 6 personnes :

300 g de pâtes (penne ou plumes, par exemple)
300 g de tomates bien mûres (genre roma ou olivette)
4 cuil. à soupe d'huile
1 cuil. à soupe de vinaigre de xérès si possible
1 cuil. à soupe de vin blanc
3 ou 4 oignons blancs printaniers avec leur tige
2 cuil. d'herbes fraîches hachées (estragon, cerfeuil, ciboulette, basilic, par exemple)
1/2 cuil. à café de sel
Poivre fraîchement moulu
1/4 cuil. à café de sucre semoule
1/2 cuil. à café de moutarde forte
1 gousse d'ail
1 échalote

Temps de préparation : 45 mn.
Temps de repos : 30 mn.

1. Portez à ébullition une grande quantité d'eau salée, plongez-y les pâtes et laissez-les cuire, selon leur variété, de 8 à 12 mn ; lorsqu'elles sont *al dente*, égouttez-les et passez-les rapidement sous l'eau froide. Égouttez-les de nouveau et laissez-les refroidir.

2. Lavez les tomates, coupez-les en quartiers et ôtez le maximum de pépins. Essuyez-les avec du papier absorbant et laissez-les en attente.

3. Mélangez dans un grand saladier l'huile, le vinaigre et le vin.

4. Pelez si nécessaire les petits oignons blancs et coupez-les très finement en anneaux ou en petits quartiers ; ajoutez-les à la sauce que vous venez de préparer, ainsi que les herbes finement hachées, le sel, le poivre, le sucre et la moutarde. Remuez bien le tout.

5. Pelez enfin l'ail et l'échalote et extrayez-en le jus au-dessus du saladier. Ajoutez alors les pâtes et les tomates, remuez encore pour que tous les ingrédients s'imprègnent bien entre eux et placez le saladier dans un endroit frais pendant 30 mn environ.

Salade de nouilles au thon et aux cœurs d'artichauts

Il faut, pour 4 personnes :

300 g de pâtes (coquillages, par exemple)
2 oignons moyens ou 3 échalotes
12,5 cl de bouillon de volaille ou de viande
4 cœurs d'artichauts
200 g de thon à l'huile
Le jus de 1 citron
2 cuil. à soupe d'huile d'olive
1/2 cuil. à café de sel
Poivre fraîchement moulu

Temps de préparation : 45 mn.
Temps de repos : 1 h.

1. Portez à ébullition une grande quantité d'eau salée, plongez-y les pâtes et laissez-les cuire pendant 8 à 10 mn environ ; lorsqu'elles sont *al dente*, égouttez-les, passez-les rapidement sous l'eau froide et égouttez-les de nouveau.

2. Portez à ébullition le bouillon de volaille ou de viande.

3. Pendant ce temps, pelez les oignons ou les échalotes et hachez-les très finement. Placez-les dans un grand saladier.

4. Lorsque le bouillon est encore chaud, versez-le dans le saladier sur le hachis d'oignons ou d'échalotes.

5. Sortez les cœurs d'artichauts de leur boîte, égouttez-les soigneusement et pressez-les avec une fourchette pour en extraire le maximum de liquide. Coupez-les en petits morceaux et placez-les dans le saladier.

6. Faites égoutter le thon à l'huile et émiettez-le (il se détache généralement tout seul) ; ajoutez-le au contenu du saladier et mélangez.

7. Ajoutez alors le jus de citron, l'huile d'olive, le sel et le poivre, remuez bien le tout, versez les pâtes en continuant toujours de remuer pour que les goûts s'imprègnent bien les uns avec les autres et placez dans un endroit frais pendant 1 heure environ.

Gnocchi aux épinards

On distingue généralement deux variétés de gnocchi : à la romaine, avec une pâte à base de semoule, jaunes d'œufs et fromage ; à la parisienne et ils sont alors constitués de pâte à choux au lait et au fromage. Les gnocchi sont en général servis en entrée chaude.

Il faut, pour 4 personnes :

700 g de jeunes épinards frais
30 g de beurre
200 g de ricotta
40 g de parmesan fraîchement râpé
1/2 cuil. à café de sel
Poivre fraîchement moulu
1 pincée de noix muscade fraîchement râpée
2 œufs
100 g de farine
70 g de beurre
60 g de parmesan

Temps de préparation : 1 h 15 mn.
Temps de repos : 1 h.

1. Lavez les épinards sous l'eau courante et renouvelez l'opération plusieurs fois ; retirez les tiges dures pour ne garder que les feuilles, que vous plongerez dans de l'eau salée en ébullition. Laissez blanchir pendant 3 à 4 mn puis égouttez les épinards ; pressez-les avec une cuillère à soupe pour en extraire le maximum de liquide et hachez-les grossièrement.

2. Faites fondre 30 g de beurre dans une grande casserole et faites-y revenir les épinards sur feu moyen jusqu'à ce qu'ils ne contiennent plus du tout de liquide et qu'ils soient bien ramollis. A ce moment, retirez la casserole du feu.

3. Ajoutez alors la ricotta grossièrement concassée puis écrasée à la fourchette, le parmesan, le sel, le poivre, la noix muscade et enfin les œufs et la farine. Mélangez longuement tous ces ingrédients jusqu'à ce que la pâte soit bien compacte, et recouvrez d'un linge propre. Placez au frais et laissez en attente pendant 1 heure.

4. Au bout de ce temps, la pâte est prête. Portez à ébullition une grande quantité d'eau salée et, à l'aide d'une cuillère à soupe, plongez-y une à une les boulettes de pâte de la taille d'une noix et laissez-les cuire pendant 7 mn environ. A ce moment, elles remontent à la surface et elles se sont raffermies. A l'aide d'une écumoire, sortez les gnocchi du liquide et laissez-les égoutter sur une passoire. Tenez-les au chaud.

5. Coupez le beurre restant en petites noisettes et faites-en fondre la moitié dans le plat à gratin. Rangez-y les gnocchi, saupoudrez le parmesan puis parsemez le reste des noisettes de beurre.

6. Placez au four, thermostat 6, et attendez que le fromage fonde avant de servir ; cela nécessite environ 10 à 15 mn.

Gnocchi aux pommes de terre

Il faut, pour 4 personnes :

800 g de pommes de terre cuites la veille
300 g de farine
200 g de parmesan fraîchement râpé
1 jaune d'œuf
1 cuil. à café de sel
Poivre fraîchement moulu
70 g de beurre
1 gousse d'ail pelée
2 cuil. à soupe de persil haché
1/2 cuil. à café de romarin en poudre
1/2 cuil. à café de menthe hachée
1/2 cuil. à café de thym émietté
1/2 cuil. à café d'origan en poudre
100 g de parmesan fraîchement râpé

Temps de préparation : 45 mn.
Temps de repos : 1 h.

1. Pelez les pommes de terre et passez-les au moulin à légumes.

2. Étalez cette pâte sur un plan de travail fariné, poudrez au-dessus la farine, puis le parmesan ; ajoutez le jaune d'œuf, le sel, le poivre et travaillez la pâte avec les doigts jusqu'à ce qu'elle soit homogène. Placez-la au frais et laissez en attente pendant 1 heure.

3. Au bout de ce temps, la pâte est en principe prête ; cependant, nous vous conseillons de confectionner un premier gnocchi avant de cuire les autres. Formez un boudin du diamètre d'un pouce et coupez-le en tronçons de 3 cm de long.

4. Portez à ébullition une grande quantité d'eau salée, plongez-y un à un les gnocchi et laissez-les pendant 7 mn environ ; lorsqu'ils remontent à la surface, sortez-les à l'aide d'une écumoire et laissez-les égoutter. Tenez-les au chaud.

5. Faites fondre le beurre dans une casserole, ajoutez-y toutes les herbes, le jus de l'ail, puis versez ce beurre aromatisé sur les gnocchi.

Gnocchi à la polenta

Il faut, pour 4 personnes :
1/2 l d'eau
1 cuil. à café de sel
150 g de semoule de maïs, mouture moyenne
Pour le beurre aux herbes :
80 g de beurre
1 cuil. à soupe de persil haché
2 feuilles de sauge
1 pincée d'origan
1 pincée de romarin en poudre
1 pincé de citronnelle
Parmesan ou fontina râpé (facultatif)

Temps de préparation : 50 mn.

1. Portez de l'eau salée à ébullition et versez-y, en minces filets, la semoule en tournant doucement avec un fouet ; baissez le feu puis, à l'aide d'une cuillère en bois cette fois, continuez de remuer régulièrement pendant 20 mn environ jusqu'à ce que la semoule gonfle bien et qu'elle forme une sorte de bouillie assez épaisse. Prenez soin que cette pâte ne brûle pas et qu'elle ne forme pas une pellicule légèrement durcie au fond de la casserole ; pour cela, il ne faut pas cesser de remuer, quitte à ajouter un peu d'eau si nécessaire.

2. Posez cette pâte sur un plateau en bois humidifié, ou encore sur un plan de travail humide, et étalez-la avec un grand couteau ou une règle pour former une couche régulière et unie de 1 cm d'épaisseur ; laissez alors refroidir un moment.

3. Faites fondre le beurre dans une casserole et ajoutez-y les herbes. Éteignez le feu et mélangez bien le tout.

4. Faites préchauffer le four, thermostat 6 ; découpez la pâte avec des emporte-pièces de la forme de votre choix ou, à défaut, en petits carrés ou en lanières, selon vos goûts, puis posez-les en les faisant se chevaucher, par couches successives, dans un plat allant au four. Versez régulièrement le beurre fondu et, éventuellement, parsemez de fromage râpé.

5. Placez le plat au four et laissez cuire environ 12 mn, le temps que le fromage fonde.

Gnocchi à la romaine

Il faut, pour 4 personnes :
1/2 l de lait
1/2 cuil. à café de sel
De la noix muscade fraîchement râpée
150 g de semoule
3 œufs
80 g de grana padano (ou de parmesan) fraîchement râpé
100 g de beurre fondu

Temps de préparation : 50 mn.

1. Portez le lait à ébullition dans une grande casserole, ajoutez-y le sel et la noix muscade. Jetez ensuite la semoule en une seule fois et battez au fouet sur feu moyen pendant environ 20 mn ; au bout de ce temps, la semoule doit être bien gonflée. Retirez la casserole du feu et laissez tiédir quelque temps.

2. Battez les œufs dans un saladier et versez-les dans la bouillie de semoule en remuant bien avec le fouet ou avec une cuillère en bois.

3. Passez sous l'eau froide un grand plat ou un plateau en bois et posez-y la masse encore tiède, égalisez avec un couteau ou une spatule pour former une couche de 1/2 cm d'épaisseur puis laissez refroidir complètement dans un endroit frais ou, mieux, dans le bas du réfrigérateur.

4. Lorsque la pâte est refroidie, formez des gnocchi avec des emporte-pièces ou des moules de formes variées et beurrez un moule allant au four.

5. Faites préchauffer le four thermostat 6 ; rangez les gnocchi dans le moule, en les faisant se chevaucher et en les recouvrant, par couches successives, d'une fine couche de fromage râpé et de beurre fondu. Terminez par une couche de fromage et de beurre puis placez le moule dans le four.

6. Laissez gratiner jusqu'à ce que les gnocchi aient pris une belle couleur dorée.

Variante : Gnocchi à la sauce bolognaise

Cette recette est exactement la même que la précédente, à cette différence qu'on recouvre les gnocchi de sauce bolognaise (voir recette p. 54) avant d'enfourner le plat. Dans ce cas, au lieu de laisser les gnocchi dorer et croustiller, il faut simplement laisser le fromage fondre.

Les fromages italiens

Les fromages sont à la base de la réussite des pâtes et des pizzas. De variétés de goût et de consistance très larges, ils offrent à la cuisinière une panoplie incomparable pour enrichir et compléter ces plats et spécialités connus dans le monde entier.

1. Provolone

Fromage de lait de vache (44 % de matières grasses), spécialement corsé lorsqu'il est vieux de 4 à 6 mois ; se coupe alors facilement en tranches. Il se présente sous des formes très diverses (poires, porcelet, saucisses) et il en existe une variété fumée.

2. Grana padano

C'est en Italie un des fromages de base pour les plats de pâtes ! De forme, de couleur et de goût proches de ceux du parmesan, il est produit dans tout le nord de l'Italie et se consomme généralement finement râpé.

3. Mozzarella

Incomparable et irremplaçable dans bon nombre de recettes tant de pizzas que de pâtes, la véritable mozzarella est faite à partir de lait de bufflonne, et sa chair est fine et parfumée : on en trouve sous forme de petits fromages ronds, à pâte blanche, conservés dans de l'eau.

4. Fiore sardo

C'est un fromage piquant, fait à partir de lait de brebis, que l'on râpe et qui se trouve dans de nombreuses recettes de pâtes.

5. Asiago

Fromage de lait de vache à pâte pressée et non cuite, de saveur légèrement piquante. Il se consomme frais, en tranches, comme le comté ou l'appenzell.

6. Fontina

Originaire du Val d'Aoste, c'est un fromage à pâte pressée et cuite dont le goût de noisette est particulièrement délicat. Sa pâte est tendre et souple, il se sert « jeune », en canapés ou en fin de repas.

7. Taleggio

Il se présente en pavés de 20 cm de côté et offre une pâte particulièrement souple, grasse, de couleur blanche ou crème.

8. Gorgonzola

C'est le roi des fromages de lait de vache. Sa consistance crémeuse et sa saveur piquante et douce en font un compagnon incomparable pour toutes les spécialités de pâtes au goût relevé.

9-10. Caciocavallo

Fromage originaire de Sicile, en forme de gourde, dont le procédé de fabrication et le goût sont proches de ceux du provolone. Se trouve également naturel ou fumé et se consomme jeune (6 mois au maximum).

11. Parmesan

Fromage sec et dur, à pâte friable, de consistance granuleuse. C'est le fromage à râper par excellence. Le véritable parmesan, le *parmigiano reggiano*, le plus recherché et le plus apprécié, se présente en boules cylindriques et son affinage dure environ deux ans (parfois plus pour les amateurs).

12. Robiola

C'est un fromage frais et gras fabriqué à partir d'un mélange de lait de vache, de brebis et de chèvre. Il a un goût à la fois doux et prononcé !

13. Italico

Proche parent du robiola, il possède une croûte qui doit être légèrement empreinte de moisissure avant la consommation.

14. Pecorino

Il n'est pas illustré sur la photo ci-contre, mais c'est un des fromages les plus importants de la cuisine italienne. Se sert doux ou fort selon les goûts.

FONTAL OSELLA

Index

Achevé d'imprimer
le 21-4-1988
par Mohndruck Gütersloh
pour France Loisirs
N° d'éditeur 13 625
Dépôt légal: Mars 1987
Imprimé en R.F.A.